# 러시아어
# 토르플 1급
# 실전 모의 고사
# ⑤

### 러시아어 토르플 1급 실전 모의 고사
### ❺

**초판 1쇄 발행** 2016년 06월 23일
**초판 2쇄 발행** 2019년 09월 06일

**지은이** Н.М. Румянцева, С.Г. Костина, А.Г. Жиндаева, И.С. Гусева

**펴낸이** 김선명
**펴낸곳** 뿌쉬낀하우스
**책임편집** 이은희
**편집** 예브게니 쉬떼판, 김영실
**디자인** 박은비

**주소** 서울시 중구 동호로 15길 8, 리오베빌딩 3층
**전화** 02) 2237-9387
**팩스** 02) 2238-9388
**홈페이지** www.pushkinhouse.co.kr

**출판등록** 2004년 3월1일 제2004-0004호
**ISBN** 978-89-92272-72-8 14790
978-89-92272-64-3 (세트)

© ЗАО «Златоуст», 2015
Настоящее издание осуществлено по лицензии, полученной от ЗАО «Златоуст»
© Pushkin House, 2016

이 책의 한국어판 저작권은 «Златоуст» 출판사와 독점 계약한 뿌쉬낀하우스에 있습니다.
저작권법에 의해 한국 내에서 보호를 받는 저작물이므로 무단 전재와 무단 복제를 금합니다.

※ 잘못된 책은 바꿔 드립니다.

Тест по русскому языку как иностранному
Первый сертификационный уровень

토르플 고득점을 위한 모의고사 시리즈

# TORFL
# 러시아어
# 토르플 1급
# 실전 모의고사 5

Н.М. Румянцева, С.Г. Костина, А.Г. Жиндаева, И.С. Гусева 지음

뿌쉬낀하우스

# contents

**토르플 길라잡이** _6

## 1부 테스트

Субтест 1.     ЛЕКСИКА. ГРАММАТИКА 어휘, 문법 영역 _11

Субтест 2.     ЧТЕНИЕ 읽기 영역 _36

Субтест 3.     АУДИРОВАНИЕ 듣기 영역 _49

Субтест 4.     ПИСЬМО 쓰기 영역 _57

Субтест 5.     ГОВОРЕНИЕ 말하기 영역 _61

## 2부 정답

어휘, 문법 영역 정답 _71

읽기 영역 정답 _75

듣기 영역 정답 및 녹음 원문 _76

쓰기 영역 예시 답안 _82

말하기 영역 예시 답안 _87

**첨부: 답안지** МАТРИЦА _99

## 1. 토르플 시험이란?

토르플(TORFL)은 'Test of Russian as a Foreign Language'의 약자로 러시아 교육부 산하기관인 '러시아어 토르플 센터'에서 주관하는 외국인 대상 러시아어 능력 시험이다. 기초 단계에서 4단계까지 총 여섯 단계로 나뉘어 있으며 시험 과목은 어휘·문법, 읽기, 듣기, 쓰기, 말하기의 다섯 영역으로 구성되어 있다. 현재 토르플은 러시아 내 대학교의 입학 시험, 국내 기업체, 연구소, 언론사 등에서 신입사원 채용 시험 및 직원들의 러시아어 실력 평가를 위한 방법으로 채택되고 있다.

## 2. 토르플 시험 단계

토르플 시험은 기초단계, 기본단계, 1단계, 2단계, 3단계, 4단계로 나뉘어 있다.

· 기초단계 (элементарный уровень)
  일상생활에서 필요한 최소한의 러시아어 구사가 가능한 가장 기초 단계이다.

· 기본단계 (базовый уровень)
  일상생활에서 필요한 기본적인 의사 소통이 가능한 단계이다.

· 1단계 (I сертификационный уровень)
  일상생활에서의 자유로운 의사소통뿐만 아니라, 사회, 문화, 역사 등의 분야에서 러시아인과 대화가 가능한 공인단계이다. 러시아 대학에 입학하기 위해서는 1단계 인증서가 필요하며, 국내에서는 러시아어문계열 대학졸업시험이나 기업체의 채용 및 사원 평가 기준으로도 채택되고 있다.

· 2단계 (II сертификационный уровень)
  원어민과의 자유로운 대화뿐만 아니라, 문화, 예술, 자연과학, 공학 등 전문 분야에서도 충분히 의사소통이 가능한 공인단계이다. 2단계 인증서는 러시아 대학의 비어문계 학사 학위 취득을 위한 요건이며 석사 입학을 위한 자격 요건이기도 하다. 1단계와 마찬가지로 국내에서는 러시아어문계열 대학졸업시험이나 기업체의 채용 및 사원 평가 기준으로도 채택되고 있다.

- 3단계 (III сертификационный уровень)
  사회 전 분야에 걸쳐 고급 수준의 의사소통 능력을 지니고 있어 러시아어로 전문적인 활동이 가능한 공인단계이다. 러시아 대학의 비어문계열 석사와 러시아어문학부 학사 학위를 취득하기 위해서 3단계 인증서가 필요하다.

- 4단계 (IV сертификационный уровень)
  원어민에 가까운 러시아어 구사 능력을 지니고 있는 가장 높은 공인단계로, 이 단계의 인증서를 획득하면 러시아어문계열의 모든 교육과 연구 활동이 가능하다. 4단계 인증서는 러시아어문학부 석사, 비어문계열 박사, 러시아어 교육학 박사 등의 학위를 취득하기 위한 요건이다.

## 3. 토르플의 시험영역

토르플 시험은 어휘·문법, 읽기, 듣기, 쓰기, 말하기의 다섯 영역으로 구성되어 있다.

- 어휘·문법 영역 (ЛЕКСИКА. ГРАММАТИКА)
  객관식 필기 시험으로 어휘와 문법을 평가한다. (*사전 이용 불가)

- 읽기 영역 (ЧТЕНИЕ)
  객관식 필기 시험으로 주어진 본문과 문제를 통해 독해 능력을 평가한다. (*사전 이용 가능)

- 듣기 영역 (АУДИРОВАНИЕ)
  객관식 필기 시험으로 들려 주는 본문과 문제를 통해 이해 능력을 평가한다. (*사전 이용 불가)

- 쓰기 영역 (ПИСЬМО)
  주관식 필기 시험으로 주제에 알맞은 작문 능력을 평가한다. (*사전 이용 가능)

- 말하기 영역 (ГОВОРЕНИЕ)
  주관식 구술 시험으로 주어진 상황에 적합한 말하기 능력을 평가한다. (*사전 이용이 가능한 문제도 있음)

## 4. 토르플 시험의 영역별 시간

| 구 분 | 기초 단계 | 기본 단계 | 1단계 | 2단계 | 3단계 | 4단계 |
|---|---|---|---|---|---|---|
| 어휘·문법 영역 | 50분 | 50분 | 60분 | 90분 | 90분 | 60분 |
| 읽기 영역 | 50분 | 50분 | 50분 | 60분 | 60분 | 60분 |
| 듣기 영역 | 30분 | 30분 | 35분 | 35분 | 35분 | 45분 |
| 쓰기 영역 | 40분 | 50분 | 60분 | 55분 | 75분 | 80분 |
| 말하기 영역 | 25분 | 40분 | 60분 | 45분 | 45분 | 50분 |

*토르플 시험의 영역별 시간은 시험 시행기관마다 조금씩 다를 수 있습니다.

## 5. 토르플 시험의 영역별 만점

| 구 분 | 기초 단계 | 기본 단계 | 1단계 | 2단계 | 3단계 | 4단계 |
|---|---|---|---|---|---|---|
| 어휘·문법 영역 | 100 | 110 | 165 | 150 | 100 | 141 |
| 읽기 영역 | 120 | 180 | 140 | 150 | 150 | 136 |
| 듣기 영역 | 100 | 180 | 120 | 150 | 150 | 150 |
| 쓰기 영역 | 80 | 80 | 80 | 65 | 100 | 95 |
| 말하기 영역 | 130 | 180 | 170 | 145 | 150 | 165 |
| 총 점수 | 530 | 730 | 675 | 660 | 650 | 687 |

## 6. 토르플 시험의 합격 점수

| 구 분 | 기초 단계 | 기본 단계 | 1단계 | 2단계 | 3단계 | 4단계 |
|---|---|---|---|---|---|---|
| 어휘·문법 영역 | 75-100점 (66%이상) | 82-110점 (66%이상) | 109-165점 (66%이상) | 99-150점 (66%이상) | 66-100점 (66%이상) | 93-141점 (66%이상) |
| 읽기 영역 | 90-120점 (66%이상) | 135-180점 (66%이상) | 92-140점 (66%이상) | 99-150점 (66%이상) | 99-150점 (66%이상) | 89-136점 (66%이상) |
| 듣기 영역 | 75-100점 (66%이상) | 135-180점 (66%이상) | 79-120점 (66%이상) | 99-150점 (66%이상) | 99-150점 (66%이상) | 99-150점 (66%이상) |
| 쓰기 영역 | 60-80점 (66%이상) | 60-80점 (66%이상) | 53-80점 (66%이상) | 43-65점 (66%이상) | 66-100점 (66%이상) | 63-95점 (66%이상) |
| 말하기 영역 | 98-130점 (66%이상) | 135-180점 (66%이상) | 112-170점 (66%이상) | 96-145점 (66%이상) | 99-150점 (66%이상) | 108-165점 (66%이상) |

# 1부 테스트

# Субтест 1. ЛЕКСИКА. ГРАММАТИКА

**Инструкция к выполнению теста**

- Время выполнения теста – 60 минут. Тест включает 165 заданий.

- При выполнении теста пользоваться словарём нельзя.

- Вы получили тест и матрицу. Напишите ваше имя и фамилию, страну, дату тестирования на матрице.

- В тесте слева даны предложения (1, 2 и т. д.), а справа – варианты на выбор. Выберите правильный вариант и отметьте соответствующую букву в матрице. Например:

Например:

(Б – правильный вариант).

Если Вы ошиблись и хотите исправить ошибку, сделайте так:

(В – ошибка, Б – правильный вариант).

Отмечайте правильный выбор только в матрице, в тесте ничего не пишите (проверяется только матрица).

## ЧАСТЬ 1

**Задания 1–21. Выберите правильный вариант.**

| | |
|---|---|
| **1.** В России есть _____ городов с населением более миллиона человек. | (А) некоторые<br>(Б) несколько |
| **2.** В концерте участвовали _____ известные артисты. | (А) много<br>(Б) большинство<br>(В) многие<br>(Г) большие |
| **3.** Климат в Африке _____, чем в России. | (А) жаркий<br>(Б) жарче<br>(В) жарко<br>(Г) жарок |
| **4.** – Лада, ты разве не знаешь, что Борис _____ на Маше. | (А) женился<br>(Б) замужем<br>(В) вышла замуж<br>(Г) женилась |
| **5.** Чтобы стать хорошим психологом, тебе нужно изучить _____ курс психологии. | (А) жирный<br>(Б) толстый<br>(В) полный<br>(Г) целый |
| **6.** Московский государственный университет носит _____ М.В. Ломоносова. | (А) название<br>(Б) имя<br>(В) фамилию<br>(Г) звание |
| **7.** На _____ этаже нового здания находится поликлиника. | (А) высоком<br>(Б) верхнем<br>(В) высшем<br>(Г) верху |

| | |
|---|---|
| **8.** Я давно не видела мою _____ подругу. | (А) древнюю<br>(Б) старую<br>(В) старшую<br>(Г) долгую |
| **9.** – Внимание! На платформу номер три прибывает _____ поезд Москва – Санкт-Петербург. | (А) срочный<br>(Б) быстрый<br>(В) скорый<br>(Г) экстренный |
| **10.** Будущие лингвисты учатся на _____ факультете. | (А) юридическом<br>(Б) филологическом<br>(В) экономическом<br>(Г) философском |
| **11.** – Водитель, поверните, пожалуйста, здесь _____ . | (А) направо<br>(Б) правый<br>(В) справа<br>(Г) право |
| **12.** Экскурсовод _____ группу школьников по музею. | (А) несёт<br>(Б) ведёт<br>(В) везёт<br>(Г) носит |
| **13.** – Женя, пожалуйста, _____ новый календарь на стену. | (А) повесь<br>(Б) положи<br>(В) поставь<br>(Г) клади |
| **14.** Сегодня друзья и коллеги _____ Ивана Степановича с днём рождения. | (А) празднуют<br>(Б) отмечают<br>(В) поздравляют<br>(Г) отметили |

| | |
|---|---|
| **15.** Пошёл сильный дождь, а Сергей _____ свой зонтик дома. | (А) остановился<br>(Б) оставил<br>(В) остановил<br>(Г) оставит |
| **16.** Сын долго _____ отца купить ему новый велосипед. | (А) попросил<br>(Б) спросил<br>(В) просил<br>(Г) спросит |
| **17.** – Ольга Петровна, я _____ познакомиться с вами! | (А) люблю<br>(Б) нравится<br>(В) рад<br>(Г) нравлюсь |
| **18.** Клара любит природу, поэтому она _____ поехать с друзьями за город. | (А) согласилась<br>(Б) отказалась |
| **19.** Владимир _____ от родителей письмо. | (А) послал<br>(Б) получил<br>(В) взял<br>(Г) пошлём |
| **20.** – Ребята, кто из вас первый _____ в Интернете информацию о чемпионате мира по футболу? Когда он начинается? | (А) искал<br>(Б) нашёл<br>(В) потерял<br>(Г) нашли |
| **21.** – Эмма, я купила молоко, _____, пожалуйста, его в холодильник. | (А) клади<br>(Б) поставь<br>(В) положи<br>(Г) ставь |

**Задания 22–25. Выберите все возможные варианты ответа.**

| | |
|---|---|
| **22.** Завтра _____ день, когда можно сдать экзамен. | (А) последний<br>(Б) следующий<br>(В) первый<br>(Г) остальной |
| **23.** С каждым годом в нашей стране _____ количество школ и детских садов. | (А) увеличивается<br>(Б) растёт<br>(В) повышается<br>(Г) выросло |
| **24.** На вечере поэзии иностранные студенты читали стихи _____ . | (А) на русском языке<br>(Б) по русскому языку<br>(В) по-русски<br>(Г) русские |
| **25.** Алексей уже не _____ . Он начал ходить на занятия в университет. | (А) болит<br>(Б) болеет<br>(В) болен<br>(Г) больной |

**ЧАСТЬ 2**

**Задания 26–77. Выберите правильную форму.**

| | |
|---|---|
| **26.** – Вера, приходи завтра _____ в гости. | (А) со мной<br>(Б) у меня<br>(В) на меня<br>(Г) ко мне |

| | |
|---|---|
| **27.** Много любителей поэзии пришло _____ послушать стихи молодых поэтов. | (А) литературный музей<br>(Б) в литературный музей<br>(В) в литературном музее<br>(Г) до литературного музея |
| **28.** Катя встретила на стадионе _____ . | (А) знакомого юношу<br>(Б) со знакомым юношей<br>(В) знакомому юноше<br>(Г) знакомый юноша |
| **29.** _____ я узнал о фотовыставке известного фотографа. | (А) О своем лучшем друге<br>(Б) От своего лучшего друга<br>(В) К своему лучшему другу<br>(Г) Про своего лучшего друга |
| **30.** Из газет мы узнали об открытии _____ . | (А) московского планетария<br>(Б) в московский планетарий<br>(В) о московском планетарии<br>(Г) московский планетарий |
| **31.** Мы прочитали интересную статью _____ московского метро. | (А) известный строитель<br>(Б) об известном строителе<br>(В) с известным строителем<br>(Г) известным строителем |

| | |
|---|---|
| **32.** Поэзия _____ играет большую роль в жизни русских людей. | (А) Александр Сергеевич Пушкин<br>(Б) Александру Сергеевичу Пушкину<br>(В) Александра Сергеевича Пушкина<br>(Г) Александром Сергеевичем Пушкиным |
| **33.** На улице не было никого, кроме _____ . | (А) один прохожий<br>(Б) одного прохожего<br>(В) одному прохожему<br>(Г) одним прохожим |
| **34.** Во время космического полёта космонавты выполняют _____ . | (А) научная программа<br>(Б) научной программы<br>(В) научной программе<br>(Г) научную программу |
| **35.** _____ скоро будет свадьба. | (А) С моей дочерью<br>(Б) Моей дочери<br>(В) У моей дочери<br>(Г) Мою дочь |
| **36.** Люба давно интересуется _____ . | (А) русская живопись<br>(Б) русской живописью<br>(В) в русской живописи<br>(Г) с русской живописью |
| **37.** _____ в Москве было построено специальное здание. | (А) С Третьяковской галереей<br>(Б) В Третьяковскую галерею<br>(В) Для Третьяковской галереи<br>(Г) В Третьяковской галерее |

| | |
|---|---|
| **38.** Новый журнал моды познакомит читателей _____ женской обуви. | (А) последнюю коллекцию<br>(Б) в последней коллекции<br>(В) последняя коллекция<br>(Г) с последней коллекцией |
| **39.** Студенты часто ходят обедать _____ . | (А) студенческая столовая<br>(Б) в студенческую столовую<br>(В) в студенческой столовой<br>(Г) о студенческой столовой |
| **40.** – Соня, не забудь, пожалуйста, позвонить завтра _____ . | (А) Марию Алексеевну Федину<br>(Б) Марии Алексеевны Фединой<br>(В) Марией Алексеевной Фединой<br>(Г) Марии Алексеевне Фединой |
| **41.** Перед отъездом в Москву Марат сфотографировался _____ . | (А) у всей семьи<br>(Б) ко всей семье<br>(В) со всей семьёй<br>(Г) о всей семье |
| **42.** В музее они долго рассматривали _____ XIX века. | (А) старинное кресло<br>(Б) на старинном кресле<br>(В) старинного кресла<br>(Г) к старинному креслу |

**43.** Даже _____ сейчас трудно найти работу.

(А) о хорошем образовании
(Б) без хорошего образования
(В) к хорошему образованию
(Г) с хорошим образованием

**44.** У Ксении сейчас нет _____ для занятий музыкой.

(А) свободного времени
(Б) в свободное время
(В) о свободном времени
(Г) свободное время

**45.** На школьный праздник Вероника придёт _____.

(А) с красивым платьем
(Б) красивое платье
(В) о красивом платье
(Г) в красивом платье

**46.** В наше время на международных космических станциях принимают больше _____, чем раньше.

(А) космическими кораблями
(Б) космическим кораблям
(В) космических кораблей
(Г) космические корабли

**47.** Тележурналисты часто берут интервью _____.

(А) знаменитых артистов
(Б) со знаменитыми артистами
(В) у знаменитых артистов
(Г) знаменитым артистам

| | |
|---|---|
| **48.** В центральной больнице работает много _____ . | (А) молодым врачам<br>(Б) молодые врачи<br>(В) молодых врачей<br>(Г) молодыми врачами |
| **49.** У Фёдора пять _____ . | (А) младшие братья<br>(Б) младшим братьям<br>(В) младших братьях<br>(Г) младших братьев |
| **50.** Молодые рабочие крупного завода попросили _____ рассказать о своей работе. | (А) опытные инженеры<br>(Б) опытных инженеров<br>(В) опытным инженерам<br>(Г) опытными инженерами |
| **51.** Японские туристы посетили _____ . | (А) древнерусские города<br>(Б) в древнерусских городах<br>(В) с древнерусскими городами<br>(Г) древнерусских городов |
| **52.** Арсений всегда дарит цветы _____ . | (А) знакомых девушек<br>(Б) знакомые девушки<br>(В) знакомым девушкам<br>(Г) знакомыми девушками |
| **53.** После чемпионата мира по футболу футболисты вернулись на родину _____ . | (А) о золотых медалях<br>(Б) золотых медалей<br>(В) золотые медали<br>(Г) с золотыми медалями |

| | |
|---|---|
| **54.** Сейчас люди изучают иностранные языки с помощью _____ . | (А) компьютерные программы<br>(Б) с компьютерными программами<br>(В) в компьютерных программах<br>(Г) компьютерных программ |
| **55.** Участникам конференции подарили книги о работе _____ , борющихся за мир. | (А) международные организации<br>(Б) международным организациям<br>(В) международных организаций<br>(Г) международных организациях |
| **56.** Три _____ Стефании живут и работают в Испании. | (А) старшим сёстрам<br>(Б) старших сёстрах<br>(В) старшие сёстры<br>(Г) старших сестёр |
| **57.** Луис прочитал интересную книгу о жизни _____ . | (А) русские крестьяне<br>(Б) русским крестьянам<br>(В) русских крестьян<br>(Г) русскими крестьянами |
| **58.** Родители собираются поехать на море _____ . | (А) у своих детей<br>(Б) со своими детьми<br>(В) о своих детях<br>(Г) своих детей |

| | |
|---|---|
| **59.** _____ всегда стараются помочь тем, кому нужна помощь. | (А) Добрые люди<br>(Б) Добрых людей<br>(В) Добрым людям<br>(Г) Добрыми людьми |
| **60.** В московском зоопарке можно увидеть _____ из разных стран мира. | (А) редкие животные<br>(Б) редким животным<br>(В) редких животных<br>(Г) редкими животными |
| **61.** С детства Андрей мечтал _____ . | (А) морские путешествия<br>(Б) в морские путешествия<br>(В) о морских путешествиях<br>(Г) к морским путешествиям |
| **62.** В зале Московской консерватории сегодня нет _____ . | (А) свободные места<br>(Б) к свободным местам<br>(В) на свободные места<br>(Г) свободных мест |
| **63.** Мать дала своим детям _____ . | (А) красивые имена<br>(Б) красивым именам<br>(В) красивых имен<br>(Г) красивыми именами |
| **64.** В магазине «Одежда» Виктор купил _____ брюки и две рубашки. | (А) одних<br>(Б) одним<br>(В) одни<br>(Г) одними |

| | |
|---|---|
| **65.** В нашей группе все студенты помогают _____ изучать русский язык. | (А) друг друга<br>(Б) друг с другом<br>(В) друг о друге<br>(Г) друг другу |
| **66.** – Рустам, за сколько _____ ты можешь подготовиться к экзамену? | (А) дни<br>(Б) дней<br>(В) дня<br>(Г) днях |
| **67.** – Лида, ты знаешь, _____ вчера приходил врач? | (А) от кого<br>(Б) о ком<br>(В) к кому<br>(Г) у кого |
| **68.** Шахматный турнир пройдёт _____ апреля. | (А) третье<br>(Б) на третье<br>(В) третьего<br>(Г) третий |
| **69.** Первая женщина-космонавт Валентина Терешкова полетела в космос _____ . | (А) в 1963-м году<br>(Б) 1963-го года<br>(В) 1963-й год<br>(Г) с 1963-го года |
| **70.** Экскурсия по Москве состоится _____ . | (А) в воскресенье<br>(Б) на воскресенье<br>(В) воскресенье<br>(Г) о воскресенье |
| **71.** _____ пролетели очень быстро. | (А) Выходные дни<br>(Б) В выходные дни<br>(В) По выходным дням<br>(Г) На выходные дни |

| | |
|---|---|
| **72.** Мать сказала сыну, что он должен вернуться домой не позднее чем _____ . | (А) шесть часов<br>(Б) до шести часов<br>(В) к шести часам<br>(Г) в шесть часов |
| **73.** Президент фирмы вернётся из командировки _____ . | (А) на две недели<br>(Б) через две недели<br>(В) до двух недель<br>(Г) за две недели |
| **74.** Электронная техника появилась в каждой семье в конце _____ . | (А) XX века<br>(Б) XX век<br>(В) в XX веке<br>(Г) в XX век |
| **75.** _____ в Санкт-Петербурге состоится международный конгресс по экономике. | (А) На весну<br>(Б) Весна<br>(В) Весной<br>(Г) О весне |
| **76.** – Виктория, вы опять опоздали на работу _____ ! | (А) за десять минут<br>(Б) на десять минут<br>(В) через десять минут<br>(Г) в течение десяти минут |
| **77.** Учебный год в российских университетах заканчивается _____ . | (А) в июне<br>(Б) на июнь<br>(В) с июня<br>(Г) по июнь |

## ЧАСТЬ 3

### Задания 78–127. Выберите правильную форму.

| | |
|---|---|
| **78.** Моя младшая сестра всегда радовалась, когда она _____ хорошие отметки в школе. | (А) будет получать<br>(Б) получала<br>(В) получает<br>(Г) получит |
| **79.** Завтра целый день я _____ доклад на конференцию. | (А) приготовлю<br>(Б) готовить<br>(В) буду готовить<br>(Г) готовил |
| **80.** Мастер закончил _____ автомобиль. | (А) ремонтирует<br>(Б) ремонтировать<br>(В) ремонтировал<br>(Г) ремонт |
| **81.** В этом кафе можно вкусно и недорого _____ . | (А) пообедал<br>(Б) пообедай<br>(В) пообедать<br>(Г) обедал |
| **82.** Степан успел _____ все задачи в контрольной работе по математике. | (А) решать<br>(Б) решить<br>(В) решай<br>(Г) решил |
| **83.** – Коллеги, давайте _____ наши проблемы завтра. | (А) обсудите<br>(Б) обсудили<br>(В) обсудим<br>(Г) обсуждаем |

| | |
|---|---|
| **84.** – Лиза, _____ мне, пожалуйста, когда ты собираешься приехать. | (А) сообщит<br>(Б) сообщить<br>(В) сообщи<br>(Г) сообщай |
| **85.** Лекция _____ через 30 минут, а до этого можно пойти выпить кофе. | (А) начнётся<br>(Б) начнёт |
| **86.** Семинары по философии _____ молодой преподаватель. | (А) проводится<br>(Б) проводит |
| **87.** Мне очень _____ как можно быстрее решить эту проблему. | (А) хочет<br>(Б) хочется<br>(В) хочу<br>(Г) хотеть |
| **88.** Константин быстро _____ свои вещи и положил их в чемодан. | (А) собирал<br>(Б) собрал |
| **89.** – Тамара, я _____ тебе весь вечер. Где ты была? | (А) звонила<br>(Б) позвонила |
| **90.** Пока Бана не выучила русский язык, она всегда _____ с собой словарь. | (А) брала<br>(Б) взяла |
| **91.** Родители _____ сыну на день рождения компьютер. | (А) дарили<br>(Б) подарили |
| **92.** На вечере Тимур _____ со многими интересными людьми. | (А) познакомил<br>(Б) познакомился |
| **93.** Лилию с детства _____ народная музыка. | (А) интересовала<br>(Б) интересовалась |

| | |
|---|---|
| **94.** Аспирант, _____ сегодня с докладом, скоро будет защищать диссертацию. | (А) выступает<br>(Б) выступит<br>(В) выступающий<br>(Г) выступал |
| **95.** Из всех предметов, _____ на факультете, больше всего мне нравится русский язык. | (А) изучающих<br>(Б) изучаемых<br>(В) изучивших<br>(Г) изучали |
| **96.** Китайский переводчик, _____ речь нового президента, хорошо знает русский язык. | (А) переводил<br>(Б) переведённый<br>(В) переводивший<br>(Г) перевёл |
| **97.** В России 9 мая, в день Победы, всегда звучит музыка композитора Дмитрия Шостаковича, _____ в годы Великой Отечественной войны. | (А) создавшая<br>(Б) созданная<br>(В) создана<br>(Г) создал |
| **98.** Эти рисунки _____ талантливыми детьми. | (А) нарисованные<br>(Б) нарисовавшие<br>(В) нарисованы<br>(Г) нарисовали |
| **99.** Вы хорошо напишете контрольную работу по математике, _____ трудные задачи каждый день. | (А) решая<br>(Б) решив |
| **100.** _____ все экзамены в университете досрочно, студенты поехали домой уже в конце мая. | (А) Сдавая<br>(Б) Сдав |

| | |
|---|---|
| **101.** Осенью в Москве часто _____ дождь. | (А) ходит |
| **102.** В кинотеатре «Звезда» _____ интересный фильм. | (Б) идёт |
| **103.** Мой младший брат _____ в музыкальную школу по понедельникам, средам и пятницам. | |
| **104.** – Клава, ты не знаешь, куда _____ эта дорога? | (А) водит |
| **105.** Дмитрий уже несколько лет _____ машину. | (Б) ведёт |
| **106.** Сегодня в детский сад сына _____ его отец. | |
| **107.** Экскурсовод часто _____ туристов по Золотому кольцу России. | (А) возил |
| **108.** Когда Семён _____ диван из магазина, у него сломалась машина. | (Б) вёз |
| **109.** Дети любили отдыхать на море, поэтому отец _____ их туда каждое лето. | |
| **110.** – Тебе надо быстро _____ , чтобы успеть на поезд. | (А) бегать |
| **111.** – Дети, нельзя _____ во время урока. | (Б) бежать |

| | |
|---|---|
| **112.** Чтобы добиться хороших результатов, тренер посоветовал мне _____ утром на стадионе. | (А) бегать<br>(Б) бежать |
| **113.** Римма всегда _____ ноутбук на работу. | (А) носила<br>(Б) несла |
| **114.** Мы встретили Юлию, когда она _____ скрипку на концерт. | |
| **115.** Зимой она _____ длинное пальто и тёплую шапку. | |

| | |
|---|---|
| **116.** Раньше моя младшая сестра на всё лето _____ в деревню к бабушке. | (А) уезжала<br>(Б) переезжала<br>(В) выезжала<br>(Г) доезжала |
| **117.** Когда Анна работала близко от дома, она всегда _____ до работы за 10 минут. | |
| **118.** Семья моего друга часто _____ из города в город. | |

| | |
|---|---|
| **119.** Раньше небольшие корабли _____ к самому берегу. | (А) проплывали<br>(Б) уплывали<br>(В) подплывали<br>(Г) переплывали |
| **120.** Люди на берегу долго смотрели, как мимо них по реке _____ теплоходы. | |
| **121.** Мальчишки не раз _____ через эту небольшую речку. | |

| | |
|---|---|
| **122.** Футбольный мяч _____ через футбольное поле. | (А) улетел<br>(Б) долетел<br>(В) пролетел<br>(Г) перелетел |
| **123.** Воздушный шар _____ высоко в небо. | |
| **124.** Самолёт _____ мимо нашего дома. | |

| | |
|---|---|
| **125.** На улицах было мало машин, поэтому брат вовремя _____ до вокзала. | (А) отъехал<br>(Б) переехал<br>(В) подъехал<br>(Г) доехал |
| **126.** Леонид _____ в новую квартиру. | |
| **127.** Когда Олег _____ от дома, он вспомнил, что забыл мобильный телефон. | |

**Задания 128–129. Выберите синонимичную форму.**

| | |
|---|---|
| **128.** Возвращаясь домой, Ирина встретила свою подругу. | (А) Ирина встретит свою подругу, а потом вернётся домой.<br>(Б) Когда Ирина возвращалась домой, она встретила свою подругу.<br>(В) Ирина встретила свою подругу, а потом вернулась домой.<br>(Г) Ирина встретила свою подругу, когда вернулась домой. |

| | |
|---|---|
| **129.** Написав письмо родителям, Юрий начал читать детектив. | (А) Юрий писал письмо родителям и читал детектив.<br>(Б) Юрий прочитал детектив, а потом написал письмо родителям.<br>(В) Сначала Юрий написал письмо родителям, а потом начал читать детектив.<br>(Г) Юрий писал письмо родителям, читая детектив. |

## ЧАСТЬ 4

**Задания 130–165. Выберите правильный вариант.**

| | |
|---|---|
| **130.** В аэропорту я встретил брата, _____ . | (А) которых пригласили принять участие в концерте |
| **131.** Артисты, _____ , исполнили свои лучшие песни. | (Б) с которой нас познакомили после концерта |
| | (В) от которого недавно получил письмо |
| **132.** Известную певицу русских народных песен, _____ , зовут Надежда Бабкина. | (Г) которые не смогли приехать на концерт из-за болезни |
| **133.** На родине у меня много друзей, которые _____ . | (А) писали во всех газетах<br>(Б) меня пригласил мой друг<br>(В) часто звонят мне по телефону<br>(Г) исполняли по радио |

**134.** Космонавт, о котором _____ , вчера вечером выступил по телевидению.

**135.** Фотовыставка, на которую _____ , проходила в Центральном доме художника в Москве.

(А) писали во всех газетах
(Б) меня пригласил мой друг
(В) часто звонят мне по телефону
(Г) исполняли по радио

**136.** Моя мама любит смотреть фильмы, _____ играют её любимые артисты.

**137.** Девушки, _____ мы познакомились, учатся на первом курсе.

**138.** На экзамене профессор задал студенту несколько вопросов, _____ он, к сожалению, не смог ответить.

(А) с которыми
(Б) в которых
(В) к которым
(Г) на которые

**139.** Концерт уже закончился, _____ зрители не уходили и продолжали аплодировать артистам.

**140.** _____ шёл дождь, путешественники не останавливались и шли дальше.

**141.** _____ все трудности жизни и учёбы в Москве, студентка сдала экзамены успешно.

(А) хотя
(Б) то
(В) несмотря на
(Г) но

**142.** Когда моя сестра звонит мне по телефону, мы всегда долго _____ .

(А) разговаривали
(Б) будем разговаривать
(В) разговариваем
(Г) говорим

| | |
|---|---|
| **143.** Летом мы часто ходим _____ грибами. | (А) за<br>(Б) чтобы<br>(В) для<br>(Г) по |
| **144.** На стадионе собрались спортсмены _____ участия в соревнованиях. | |
| **145.** Маленькая девочка заплакала _____ боли. | (А) благодаря<br>(Б) от<br>(В) из-за<br>(Г) потому что |
| **146.** Спортсмен выиграл соревнования, _____ долго и упорно тренировался. | |
| **147.** Много людей погибло _____ сильного землетрясения. | |
| **148.** _____ дети были маленькие, их воспитывала бабушка. | (А) как только<br>(Б) пока<br>(В) пока не<br>(Г) так |
| **149.** – Эльза, вам надо повторить грамматику, _____ началась контрольная работа. | |
| **150.** – Светлана, _____ придёшь домой, позвони мне, пожалуйста. | |
| **151.** Николай хорошо выучил французский язык, _____ жил в Париже. | (А) после того как<br>(Б) прежде чем<br>(В) когда<br>(Г) во время |
| **152.** – Серёжа, _____ решишь жениться, ещё раз серьёзно подумай. | |
| **153.** _____ нашей экскурсии по Кремлю пошёл сильный дождь. | |

| | |
|---|---|
| **154.** Я не успел на поезд, _____ на дороге были пробки, когда я ехал на вокзал. | (А) из-за того что (Б) благодаря тому что |
| **155.** _____ больной выполнял все рекомендации врача, он быстро выздоровел. | |
| **156.** Студент не смог хорошо подготовиться к экзамену, _____ он долго болел. | |
| **157.** Родители мечтали, _____ . | (А) будет ли Никита поступать на факультет журналистики (Б) чтобы их сын поступил на факультет журналистики (В) поступить на факультет журналистики (Г) поступает на факультет журналистики |
| **158.** Мой друг хотел _____ . | |
| **159.** – Лиза, как ты думаешь, _____ ? | |
| **160.** _____ Ярослав купил билеты в цирк, я с удовольствием пошёл бы с ним туда. | (А) Если (Б) Если бы |
| **161.** _____ Ярослав купит билеты в цирк, я с удовольствием пойду с ним туда. | |
| **162.** _____ Аркадий успел подготовить доклад, он бы выступил сегодня на конференции. | |
| **163.** – Скажите, пожалуйста, _____ здесь почта? | (А) куда (Б) как (В) где (Г) когда |

| | |
|---|---|
| **164.** – Глеб, ты не видел, _____ я положил часы? | (А) куда<br>(Б) как<br>(В) где<br>(Г) когда |
| **165.** – Паша, не забудь купить сахар, _____ пойдёшь в магазин. | |

# Субтест 2. ЧТЕНИЕ

## Инструкция к выполнению теста

- Время выполнения теста – 50 минут.

- При выполнении теста можно пользоваться словарём.

- Тест состоит из 3 текстов, 20 тестовых заданий и матрицы.

- Напишите ваше имя и фамилию, страну, дату тестирования на матрице.

- Выберите правильный вариант и отметьте соответствующую букву в матрице. Например:

Например:

(Б – правильный вариант).

Если Вы ошиблись и хотите исправить ошибку, сделайте так:

(В – ошибка, Б – правильный вариант).

Отмечайте правильный выбор только в матрице, в тесте ничего не пишите (проверяется только матрица).

**Задания 1–6.** Прочитайте текст 1 – фрагмент из книги «Самые известные российские праздники». Выполните задания после него.

# ТЕКСТ 1

## МАСЛЕНИЦА

Масленица – традиционный русский праздник, во время которого взрослые и дети символически прощаются с зимой и встречают весну. Люди в России всегда очень ждали весну и радовались солнцу, теплой погоде после холодной и долгой зимы. Кроме того, приход весны означал начало сельскохозяйственных работ в деревне. К этому празднику все с удовольствием готовились: хозяйки убирали во дворе и в доме, готовили не только ежедневную деревенскую еду – щи и кашу, но и праздничные блюда.

По старому русскому обычаю каждая семья праздновала Масленицу всей семьёй. В эти дни женщины готовили блины. Гости и хозяева ели блины с икрой, со сметаной, с маслом, с яйцами, творогом, сыром. Почему именно блины? Потому что блин – круглый, он похож на солнце, а все ждали весну, тепло и, конечно, солнце.

В этот праздник взрослые и дети катались на лошадях и с ледяных гор, которые специально делали к Масленице. На улицах и площадях строили качели, клоуны веселили народ, а люди танцевали и пели.

В старой Москве Масленицу праздновали в центре города, так как там были большие ворота, которые назывались «красные», то есть красивые. На этом месте в Москве сейчас находится станция метро, которая называется «Красные ворота». Говорят, что царь Пётр I здесь сам открывал масленичное гуляние и качался с москвичами на качелях.

Праздник продолжался целую неделю, семь дней.

Интересно, что каждый день масленичной недели имеет своё название. Понедельник – встреча: пора встречать гостей. На горе ставили куклу (чучело) Масленицы. Вторник – заигрыши, потому что и взрослые, и дети играли в разные игры, катались на санях с гор, парни присматривали себе невест, получали приглашение на блины. Среда – лакомка. В этот день хозяйки пекли блины с разными вкусными приправами. Четверг – самый большой праздник на масленичной неделе, который назывался «широкая масленица». В пятницу ходили на блины к тёще, а в субботу навещали сестёр мужа. Воскресенье – Прощёный день. В этот день люди ходили друг к другу в гости и просили прощения у родных, соседей и друзей, если случайно обидели кого-то в течение года. Эта традиция живёт и в наши дни. В воскресенье вечером чучело (куклу) Масленицы сжигали на большом костре, а пепел разбрасывали по полям, чтобы дать силу будущему урожаю. Люди считали, что зима закончилась и пришла весна. А после широкой Масленицы у христиан начинался строгий Великий пост. 7 недель теперь нельзя будет есть ни мяса, ни рыбы, ни масла.

Проходят века, но в России по-прежнему любят и встречают Масленицу блинами. Конечно, сейчас этот праздник не продолжается целую неделю, но, как и раньше, люди празднуют субботу и воскресенье на масленичной неделе. Они обязательно просят прощения за все обиды у родных и друзей в Прощёное воскресенье.

Когда русские приглашают вас на блины, соглашайтесь и идите в гости. Но попробовать блины на масленичной неделе можно не только в гостях, но и в кафе или в ресторане, а также на улице, в любом большом парке, на рынке или на ярмарке. Побывайте на этом празднике, и вы поймёте смысл русской поговорки: «Не житьё, а Масленица!» Есть и другая пословица у русских: «Не всё коту масленица!» – так говорят, когда после незаслуженно хорошей жизни приходят трудные времена.

**Выберите вариант, который наиболее полно и точно отражает содержание текста.**

**1. Масленица – традиционный русский праздник, во время которого люди с нетерпением ждут прихода _____.**

   (А) зимы

   (Б) весны

   (В) осени

**2. По старой русской традиции на Масленицу обычно _____.**

   (А) пекут блины

   (Б) готовят щи

   (В) варят кашу

**3. В Москве во времена Петра I масленицу праздновали _____.**

   (А) в кафе и ресторане

   (Б) на станции метро «Красные ворота»

   (В) в центре Москвы, у Красных ворот

**4. Праздник продолжался _____.**

   (А) всю весну

   (Б) целый день

   (В) одну неделю

**5. Люди просили прощения друг у друга в _____.**

   (А) воскресенье

   (Б) четверг

   (В) среду

**6. «Не всё коту масленица!» – говорят люди, когда _____.**

   (А) у кого-то после сладкой жизни вдруг начались проблемы

   (Б) после работы нужно отдыхать

   (В) можно не работать, а только отдыхать

**Задания 7–15.** Прочитайте текст 2 – рассказ одной учительницы из Москвы. Выполните задания после него.

## ТЕКСТ 2

## РАССКАЗ УЧИТЕЛЬНИЦЫ

Я родилась в Москве. Мой отец инженер, а мать работала бухгалтером. Меня с детства приучили к чтению, правда, потом ругали, что я читаю по ночам. Самым моим любимым занятием в детстве была игра в учительницу: я преподавала своим куклам. После школы я поступила в Московский государственный университет имени М.В. Ломоносова, на филологический факультет, на отделение английского языка. Это был самый счастливый день в моей жизни.

После университета я преподавала английский язык на курсах, для взрослых, но эта работа не очень нравилась мне, и я начала работать переводчиком в конструкторское бюро. Это было совсем скучно, и я решила пойти преподавать английский язык в школу. Только там я почувствовала себя на своём месте.

Два раза я была замужем и два раза разводилась. Мне не удалось в жизни встретить человека более сильного, чем я. Характер у меня сильный, но тяжёлый. Многое в людях мне не нравится, но это не относится к детям. Детей я очень люблю. В школе, когда я утром слышу сто раз: «Здравствуйте, Татьяна Леонидовна!» – слышу звонок, а потом шум класса, у меня улучшается настроение.

Как я уже сказала, я преподаю английский. Но преподавание языка для меня не главное. Главное – воспитание детей, их общее образование. Моя задача – показать детям наш огромный мир. Мне нравится ездить со школьниками на экскурсии в разные города и страны, ходить с ними в театры, музеи, на выставки. Недавно мы путешествовали по Подмосковью. Какие красивые места! Какая природа! Иногда какой-нибудь ученик говорит: «Я на экскурсию не пойду». А я ему говорю: «Нет, обязательно пойдёшь, будешь смотреть и думать». Я люблю, чтобы всё было по-моему, и часто говорю детям: «Я – за диктатуру». Они смеются.

По школьным правилам, один раз в месяц мы должны проводить классные собрания. Мы их проводим, но в эти часы я читаю детям хорошую английскую литературу, потому что многие из них не знают писателя Ч. Диккенса, не читали «Джейн Эйр», «Алису в стране чудес». Они говорят, что видели мультик про Алису, поэтому читать это произведение не нужно. Но я им читаю, а они внимательно слушают.

В обычной жизни я борюсь с детским меркантилизмом. Что это такое? Объясняю. Очень часто сейчас у детей деньги на первом месте. Я пытаюсь объяснить им, что не в деньгах счастье. «Да, – соглашаются они, – не в деньгах счастье, но счастье в количестве денег. Чем больше денег, тем больше счастья». Так, к сожалению, считают многие школьники. Я рассказываю им, что раньше богатые люди делали много добрых дел для простых бедных людей, для России. Они были настоящими патриотами: отдавали всё для благополучия своей родины. Я хочу показать детям, что мы, русские, очень хорошие люди. А они мне про Америку говорят! Ну как воспитать в них любовь к родине, к нашей несчастной, но такой прекрасной России?!

Но вообще я не могу сказать о своих учениках ничего плохого. Они хорошие, добрые ребята.

Скоро в нашей школе будет праздник. Он называется «Последний звонок». Последний звонок для тех, кто заканчивает школу. У меня в этом году выпускной класс. Что это значит? В этом году, в июле, мои ученики окончат школу и получат аттестат о среднем образовании. Семь лет назад я начала учить этих детей, стала у них классным руководителем – руководителем класса. Я взяла их, когда они окончили начальную школу, четвёртый класс, и была с ними до окончания школы. У меня уже было несколько таких классов, то есть несколько раз я был классным руководителем.

Мне нравятся мои первые ученики, которым сейчас 40 лет. Они окончили школу до перестройки и почти все закончили институты и университеты. Мне легко и интересно с ними общаться и поддерживать контакты. Мы близки с ними по интересам, по характеру.

Те ученики, кому сейчас 30 лет, учились во время перестройки. Они стали в основном бизнесменами. У них есть деньги, свои машины, дома, дачи, они открыли магазины. Но, к сожалению, искусство, книги, музыка их не интересуют.

Выпускники этого года, к счастью, совсем другие. Я рада, что у них опять появился интерес к русской истории и к русской культуре. Значит, моя работа была не напрасна. Значит, я не напрасно учила их семь лет, не напрасно отдавала им свои знания, душу и сердце.

**Выберите вариант, который наиболее полно и точно отражает содержание текста.**

**7. Любимым занятием в детстве маленькой девочки Тани была игра _____ .**
(А) в инженера
(Б) в бухгалтера
(В) в учительницу

**8. После университета молодая девушка Татьяна почувствовала себя на своём месте только _____ .**
(А) в конструкторском бюро
(Б) в школе
(В) на курсах, где преподавала английский язык взрослым

**9. Татьяна _____ .**

(А) ни разу не была замужем

(Б) после развода вышла замуж ещё раз

(В) два раза выходила замуж и два раза разводилась

**10. Татьяну Леонидовну _____ .**

(А) раздражает многое в людях, но это не относится к детям, которых она очень любит

(Б) трудно рассердить, потому что у неё лёгкий характер

(В) всегда беспокоят школьные звонки и шум в классе

**11. Главное в жизни Татьяны Леонидовны _____ .**

(А) преподавание английского языка

(Б) проведение классных собраний

(В) воспитание детей и их общее образование

**12. во время классных собраний в школе Татьяна Леонидовна _____ .**

(А) показывает детям мультфильмы

(Б) читает ребятам хорошую английскую литературу

(В) рассказывает о путешествиях по Подмосковью

**13. В обычной жизни Татьяна Леонидовна _____ .**

(А) пытается объяснить детям, что они не должны быть меркантильными

(Б) часто повторяет, что люди тогда счастливы, когда у них много денег

(В) не воспитывает детей

**14. Скоро выпускной класс Татьяны Леонидовны** _____ .

(А) будет отмечать «последний звонок»

(Б) поедет в Америку

(В) пойдёт на экскурсию

**15. Татьяна Леонидовна считает, что её работа была не напрасна, потому что** _____ .

(А) все её ученики всегда поддерживают с ней связь

(Б) у её учеников, которые учились во время перестройки, появились свои машины, дома, дачи, магазины

(В) у её учеников появился интерес к русской истории и русской культуре

**Задания 16–20. Прочитайте текст 3 – фрагмент из биографии великого русского композитора Петра Ильича Чайковского. Выполните задания после него.**

## ТЕКСТ 3

Музыку русского композитора Петра Ильича Чайковского знают все. Во всём мире любители музыки восхищаются его операми, балетами и симфоническими произведениями. П.И. Чайковский – один из величайших композиторов мира. С 1958 года в России в Москве каждые два года проводится Международный конкурс музыкантов, который носит его имя.

П.И. Чайковский родился 25 апреля 1840 года в небольшом городе Воткинске на Урале, где его отец работал горным инженером на заводе. По вечерам в доме собирались его коллеги и друзья, которые очень любили музыку. Отец П.И. Чайковского играл на флейте, а мама пела. Музыкальные способности мальчика проявились очень рано. Маленький Пётр уже с пяти лет любил «фантазировать» на рояле. Потом

Пётр Ильич говорил, что сочинять он стал с тех пор, как узнал музыку. Звуки музыки в детстве он слышал везде, даже когда было тихо. Из воспоминаний П.И. Чайковского о своём детстве известно, как однажды вечером гувернантка увидела его в слезах. «О, эта музыка!.. Она у меня здесь, здесь, – кричал и плакал будущий композитор, показывая на голову, – она не даёт мне покоя».

Однако родители хотели, чтобы их сын стал юристом. И после окончания гимназии его отдали учиться в Петербургское училище правоведения, которое он окончил в 1859 году. Получив диплом юриста, он начал работать в Министерстве юстиции. Но в 1862 году П.И. Чайковский ушёл со службы и поступил в Петербургскую консерваторию, где начал учиться сочинять музыку. За три года П.И. Чайковский прошёл весь курс и окончил консерваторию с золотой медалью, а в 1866 году он переехал в Москву, где стал преподавателем Московской консерватории. П.И. Чайковский преподавал в консерватории и писал музыку.

Уже в это время появилось несколько произведений, которые принесли Чайковскому известность. В музыкальном мире о нём стали говорить как о самом большом музыкальном таланте современной России. В том же году П.И. Чайковский начал писать свою первую симфонию «Зимние грёзы», премьера которой состоялась в 1868 году. Успех был фантастическим. В этом произведении он показал себя гениальным последователем русского композитора М.И. Глинки, развивавшего русские национальные традиции в музыке.

В 1868 году П.И. Чайковский впервые услышал в театре известную итальянскую певицу Дезире Арто, приехавшую в Москву на гастроли. Она произвела на него сильное впечатление. И Пётр Ильич первый раз в жизни страстно влюбился. Он посвящал этой женщине свои новые произведения. П.И. Чайковский даже предложил Арто стать его женой, и она приняла его предложение. Однако друзья композитора были против этого брака: они боялись, что Пётр Ильич перестанет заниматься музыкой, а будет только ездить с женой по всему миру, где она будет выступать. Они прекрасно понимали, что эта знаменитая певица никогда не согласится жить в России. Неизвестно, что стало причиной неожиданного решения Арто, но через некоторое время она отказалась от предложения П.И. Чайковского и вышла замуж за испанского певца. Только большая и напряжённая работа помогла композитору пережить эту личную трагедию.

Весной 1875 года П.И. Чайковский начал работать над балетом «Лебединое озеро», премьера которого состоялась в Москве, в Большом театре, 29 февраля 1877 года. «Лебединое озеро» критики называли «симфонией в балете», так как этот балет отличался прекрасным сочетанием танца и музыки. Одновременно с работой над балетом композитор начал писать цикл пьес для фортепиано, который назывался «Времена года».

В это время в творчестве П.И. Чайковского появляются грустные мотивы. По словам композитора, работа в консерватории отнимала у него «самое драгоценное в жизни»: время для собственного творчества. Он хотел свободы, чтобы полностью посвятить себя музыке. Для этого надо было уходить из консерватории, но без работы у него не было денег на жизнь. П.И. Чайковский писал друзьям: «Мне кажется, что я… начинаю повторять себя… Неужели дальше я не пойду?..»

Композитор решил изменить свою жизнь и неожиданно для всех женился на женщине, которая была ему чужой и по характеру, и по интересам. Его жена не только не понимала его, но и мешала ему работать. В 1877 году в тяжёлом психическом состоянии Чайковский уехал от жены за границу. Но, несмотря на душевный кризис, в этом году он много работал и создал два знаменитых сочинения: Четвёртую симфонию и оперу «Евгений Онегин».

В 1878 году композитор решил ещё одну важную проблему. После 12 лет преподавательской работы он ушёл из консерватории. Это решение он принял по совету Надежды фон Мекк, «своего лучшего друга», как он всегда говорил о ней. Их необычную дружбу называли романом в письмах. Они никогда не видели друг друга и много лет общались только в письмах.

Надежда фон Мекк, вдова-миллионерша, очень любила творчество П.И. Чайковского. В своих письмах к фон Мекк Пётр Ильич рассказывал о себе, о своём творчестве, обо всём, что волновало его. Надежда фон Мекк так любила музыку П.И. Чайковского, так понимала его проблемы, что решила помогать ему деньгами. Теперь композитор не только сочинял музыку, но и много путешествовал, долго жил за границей. Его творческие интересы стали разнообразнее, ещё более выросло его мастерство. В этот период он написал много известных музыкальных произведений. Имя П.И. Чайковского стало известным во всём мире. В 1893 году он с огромным успехом выступал в США, в Англии, в Кембриджском университете, где сам исполнял свои произведения.

Между выступлениями и путешествиями П.И. Чайковский часто бывал в Москве. Он проводил много времени в подмосковном городе Клин. Там были написаны его лучшие произведения последних лет, среди которых были симфонии, оперы, балеты, романсы.

В конце жизни П.И. Чайковский сам начал дирижировать. Он дирижировал оркестром, когда впервые в Петербурге исполняли его Шестую симфонию. А через несколько дней, 25 октября 1893 года, он неожиданно умер.

П.И. Чайковский оставил после себя огромное музыкальное наследие, которое стало частью мировой культуры.

**Выберите вариант, который наиболее полно и точно отражает содержание текста.**

**16. Данному тексту наиболее точно соответствует название _____ .**

(А) «Жизнь и творчество великого музыканта»

(Б) «Любовь в жизни П.И. Чайковского»

(В) «Шестая симфония П.И. Чайковского»

**17. Родители П.И. Чайковского хотели, чтобы их сын _____ .**

(А) работал горным инженером

(Б) получил профессию юриста

(В) поступил в консерваторию

**18. В 1866 году П.И. Чайковский _____ .**

(А) работал преподавателем в Московской консерватории

(Б) начал работать юристом в Министерстве юстиции

(В) поступил в Петербургскую консерваторию

**19. Лучшим другом, помогавшим П.И. Чайковскому в трудные для него времена, была _____ .**

(А) Надежда фон Мекк

(Б) его жена

(В) итальянская певица Дезире Арто

**20. Когда впервые в Петербурге исполняли Шестую симфонию, П.И. Чайковский _____ .**

(А) сам дирижировал оркестром

(Б) слушал её вместе со зрителями в зале

(В) играл на рояле вместе с оркестром

# Субтест 3. АУДИРОВАНИЕ

## Инструкция к выполнению теста

- Время выполнения теста – 35 минут.

- При выполнении теста пользоваться словарём нельзя.

- Тест состоит из 6 частей, 30 заданий к ним и матрицы.

- Напишите ваше имя и фамилию, страну, дату тестирования на матрице.

- Вы прослушаете 6 аудиотекстов. Все аудиотексты звучат один раз. После прослушивания текста выберите правильный вариант и отметьте соответствующую букву в матрице.

Например:

(Б – правильный вариант).

Если Вы ошиблись и хотите исправить ошибку, сделайте так:

| А | Ⓑ | ⊗ | Г |

(В – ошибка, Б – правильный вариант).

Отмечайте правильный выбор только в матрице, в тесте ничего не пишите (проверяется только матрица).

**Задания 1–5. Прослушайте аудиотекст 1 – статью из газеты «Здоровье». Постарайтесь понять, какую роль играет спорт в жизни людей. Выполните задания к аудиотексту.**

• Время выполнения задания – до 5 минут.

**Слушайте текст 1**
*(Звучат аудиотекст 1 и задания к нему.)*

1. Несколько лет назад в России самым популярным видом спорта был _____ .

    (А) волейбол

    (Б) футбол

    (В) баскетбол

2. Обычно человек начинает заниматься спортом, когда _____ .

    (А) учится в школе

    (Б) работает на заводе

    (В) учится в университете

3. Самое большое влияние на решение детей заниматься спортом оказывают _____ .

    (А) передачи по радио и телевидению, Интернет

    (Б) советы родителей

    (В) спортивные газеты и журналы

4. _____ школьников ответили, что они начали заниматься спортом по совету родителей.

    (А) 77%

    (Б) 5%

    (В) 7%

**5. В анкете большинство учеников отметили, что средства массовой информации стали главной причиной того, что они начали _____ .**

(А) заниматься спортом

(Б) учиться в университете

(В) ходить на уроки физкультуры

**Задания 6–10. Прослушайте аудиотекст 2 – фрагмент из биографии Софьи Ковалевской. Постарайтесь понять, кем была эта женщина и о каких событиях из её жизни рассказывается в данном аудиотексте. Выполните задания к аудиотексту.**

• Время выполнения задания – до 5 минут.

### Слушайте аудиотекст 2
*(Звучат аудиотекст 2 и задания к нему.)*

**6. Софья Ковалевская родилась _____ .**

(А) в Петербурге

(Б) в Москве

(В) в Берлине

**7. Софья Ковалевская уехала в Германию для того, чтобы _____ .**

(А) писать стихи

(Б) учиться в гимназии

(В) изучать математику в университете

**8. Софья Ковалевская вернулась в Россию и хотела работать _____ .**

(А) в гимназии

(Б) дома

(В) в университете

**9. Когда у Софьи Ковалевской не было работы, она _____ .**

(А) писала стихи и романы

(Б) занималась математикой со своей любимой ученицей

(В) помогала профессору своими советами

**10. Софья Ковалевская была не только талантливым математиком, но и интересным _____ .**

(А) философом

(Б) преподавателем

(В) писателем

**Задания 11–15.** Прослушайте аудиотекст 3 – фрагмент радиопередачи об известных русских сувенирах. Постарайтесь понять, о каком русском сувенире рассказывается в передаче. Выполните задания к аудиотексту.

• Время выполнения задания – до 10 минут.

**Слушайте аудиотекст 3**
*(Звучат аудиотекст 3 и задания к нему.)*

**11. В тексте говорится об истории создания _____ .**

(А) японского сувенира

(Б) французской игрушки

(В) русского сувенира

**12. Идея создания игрушки связана _____ .**

(А) с Россией

(Б) с Японией

(В) с Францией

**13. Игрушка очень понравилась Александре Мамонтовой, и она сделала другую, которая была похожа на _____ .**

(А) русского бизнесмена

(Б) японскую куклу

(В) молодую русскую девушку

**14. Куклу стали называть матрёшкой, потому что _____ .**

(А) так звали жену известного русского бизнесмена

(Б) Матрёна – самое популярное русское имя

(В) она была похожа на девушку по имени Матрёна

**15. Самую большую матрёшку сделали _____ .**

(А) в 1900 году

(Б) недавно

(В) около ста лет назад

**Задания 16–20. Прослушайте аудиотекст 4 – разговор двух студентов, Лены и Виктора. Постарайтесь понять, что они обсуждали и о чём договорились. Выполните задания к аудиотексту.**

- Время выполнения задания – до 5 минут.

**Слушайте аудиотекст 4**
*(Звучат аудиотекст 4 и задания к нему.)*

**16. Скоро _____ будет день рождения.**

(А) у Лены

(Б) у Виктора

(В) у Нины

**17. Лена** _____ .

(А) сдаёт сегодня последний экзамен

(Б) завтра сдаёт экзамен по истории

(В) сдала все экзамены

**18. Лена хочет подарить подруге** _____ .

(А) компьютерную игру

(Б) цветы

(В) картину

**19. Виктор прекрасно** _____ .

(А) играет в компьютерные игры

(Б) сдаёт экзамены

(В) рисует

**20. Молодой человек решил подарить девушке** _____ .

(А) картину

(Б) книгу

(В) цветы

**Задания 21–25. Прослушайте аудиотекст 5 – разговор пассажира с кассиром на вокзале. Постарайтесь понять, о чём спрашивал пассажир кассира. Выполните задания к аудиотексту.**

- Время выполнения задания – до 5 минут.

**Слушайте аудиотекст 5**
*(Звучат аудиотекст 5 и задания к нему.)*

**21. Поезд из Москвы в Киев отправляется _____ .**

(А) каждый вторник

(Б) только двадцатого августа

(В) каждый день

**22. Пассажир купил _____ билета.**

(А) четыре

(Б) три

(В) два

**23. Он купил билеты на поезд _____ .**

(А) номер 4

(Б) номер 2

(В) номер 19

**24. Пассажир купил билеты на _____ .**

(А) четвёртое августа

(Б) восемнадцатое августа

(В) двадцатое августа

**25. Поезд, на который купил билеты пассажир, отправляется _____ .**

(А) в 19 часов

(Б) в 20 часов

(В) в 18 часов

**Задания 26-30.** Прослушайте аудиотекст 6 – фрагмент интервью с Ольгой Ивановной. Постарайтесь понять, кто такая Ольга Ивановна, кем она была раньше и кем она работает сейчас. Выполните задания к аудиотексту.

• Время выполнения задания – до 5 минут.

**Слушайте аудиотекст 6**
*(Звучат аудиотекст 6 и задания к нему.)*

**26. Ольга Ивановна победила в конкурсе _____ .**

(А) «Лучший переводчик года»

(Б) «Лучший учитель года»

(В) «Лучший преподаватель года»

**27. После института Ольга Ивановна работала переводчицей _____ .**

(А) в фирме

(Б) в университете

(В) в школе

**28. Ольга Ивановна преподает _____ .**

(А) английский язык

(Б) французский язык

(В) испанский язык

**29. Сейчас Ольга Ивановна работает _____ .**

(А) в университете

(Б) в школе

(В) в фирме

**30. Ольга Ивановна знала не только английский, но и _____ .**

(А) испанский язык

(Б) французский язык

(В) французский и испанский языки

# Субтест 4. ПИСЬМО

### Инструкция к выполнению теста

- Время выполнения теста – 60 минут.
- При выполнении теста можно пользоваться словарём.
- Тест состоит из 2 заданий.

**Задание 1. Вас интересует проблема глобализации экономики в современном мире. Прочитайте текст и письменно изложите свою точку зрения по следующим вопросам:**

1. Какие явления характерны для глобализации мировой экономики?

2. Почему о завершении глобализации мировой экономики стало возможно говорить только после распада СССР?

3. На каких рынках глобализация еще имеет перспективы дальнейшего развития?

4. Оцените взгляды автора на неолиберальную модель экономики. Выразите свое согласие или несогласие с аргументами автора.

5. Почему глобализация мировой экономики может остановиться? Дайте оценку прогнозам автора текста.

### ГЛОБАЛИЗАЦИЯ ЭКОНОМИКИ: НЕКОТОРЫЕ СПОРНЫЕ ВОПРОСЫ

Так как глобализация играет большую роль в жизни современного общества, она вновь и вновь становится предметом научных и околонаучных споров. В этой связи изложим свой взгляд на данную проблему и сопоставим его с другими точками зрения.

Первым в исследовании глобализации экономики (ГЭ) и автором термина «глобализация» в 1983 году стал американский ученый Т. Левитт. Термин «глобализация» означает придание чему-либо всемирного (глобального) характера. По нашему мнению, глобализацию мировой экономики – в самом общем, кратком виде – следует определить как высшую стадию (ступень, форму) интернационализации хозяйственной жизни.

В результате ГЭ сложился (а не находится всё ещё в процессе развития, как полагают некоторые исследователи) всемирный рынок товаров, капиталов, рабочей силы и знаний, на котором лидирующую роль играют не более 2-3 тысяч транснациональных корпораций (ТНК). Степень глобализации отдельных рынков, а тем более их сегментов далеко не одинакова. Она наиболее высока на рынках товаров и капиталов (причем особенно сильно глобализирован финансовый рынок). Значительно меньше глобализирован рынок услуг (кроме такого сегмента, как финансовые услуги): это обусловлено тем, что многие виды услуг (бытовые, коммунальные, в значительной мере транспортные, образовательные и др.) по своей природе не могут быть включены в международный оборот, а тем более в процесс ГЭ. Интернационализация не достигла стадии глобализации и в электронной торговле (до сих пор она ведётся на крупных региональных рынках), на энергетическом рынке, рынке государственных заказов, в области трудовой миграции и др. Это значит, что сохраняется широкий простор для дальнейшего развития глобализации.

Для понимания ГЭ важен вопрос о том, когда интернационализация перешла в свою качественно новую, глобализационную, стадию. На Западе, как отмечалось выше, о ней заговорили еще в начале 1980-х годов в связи с резким повышением роли ТНК во всемирном хозяйстве и качественными изменениями в их рыночных стратегиях. В этом смысле в это время можно вести речь о «капиталистической глобализации». Вместе с тем «мировая система социалистического хозяйства», в то время неотъемлемая и заметная часть мировой экономики, оставалась в стороне от транснационализации и других проявлений глобализации. В «социалистических» странах ТНК не имели серьёзных позиций.

Проявления ГЭ приобрели действительно глобальный (т.е., выражаясь по-русски, всемирный) характер только в результате распада СССР в начале 1990-х годов. Вследствие этого было преодолено разделение мира на две общественные системы и все страны (за редчайшими исключениями) стали развиваться по более или менее похожей социально-экономической модели. Доминирующая роль ТНК после этого действительно стала глобальной. Поэтому следует исходить из того, что интернационализация окончательно перешла в стадию глобализации экономики именно в последнем десятилетии XX века и в настоящее время получает всё большую интенсивность.

Многие исследователи справедливо указывают на то, что ГЭ – достаточно противоречивый феномен. С одной стороны, она способствуют повышению эффективности мирового хозяйства, экономическому и социальному прогрессу человечества. С другой стороны, современная (неолиберальная) модель глобализации экономики имеет, на наш взгляд, целый ряд негативных сторон и создает острые конфликты между различными участниками экономических отношений. Эта модель приносит наибольшую выгоду высокоразвитым странам «золотого миллиарда» и не учитывает интересы других стран. Эксперты ООН считают, что ГЭ увеличивает разницу в доходах между богатыми и бедными странами, а также между богатыми и бедными людьми в развивающихся странах. Из более чем 6 млрд жителей Земли только 0,5 млрд живут в достатке, а более 5,5 млрд испытывают более или менее острую нужду. В 1960 г. доходы 10% самого богатого населения мира превышали доходы 10% самого бедного населения в 30 раз, а к концу XX века — уже в 82 раза. Таким образом, глобализация не только не решила, но даже обострила проблемы, мешающие интеграции развивающихся стран в мировую экономику, решению ими проблемы бедности и отсталости.

В заключение отметим, что упомянутые проблемы не позволяют

предсказывать глобализации экономики бесконечное развитие. В будущем (видимо, после 2020 г.) она при определённых условиях может остановиться и даже временно повернуть назад. К повороту в сторону «деглобализации» может привести, например, дальнейшая экспансия мирового терроризма. Что же касается ближайшего времени, скажем, до 2020 г., то глобализация экономики, вероятно, будет играть в мировом хозяйстве определяющую роль.

*По статье В.С. Панькова, доктора экономических наук, профессора Высшей школы экономики*

**Задание 2. Вы вернулись из России на родину и хотите поздравить вашу русскую подругу или преподавательницу с Новым годом (Рождеством). Напишите поздравление, коротко расскажите, как встречают эти праздники у вас на родине.**

**Ваше письмо должно содержать не менее 20 предложений.**

# Субтест 5. ГОВОРЕНИЕ

**Инструкция к выполнению теста**

- Время выполнения теста – 60 минут.

- Тест состоит из 4 заданий (13 позиций).

- При выполнении заданий 3 и 4 можно пользоваться словарём.

- Ваши ответы записываются на плёнку.

**Инструкция к выполнению задания 1
(позиции 1–5)**

- Время выполнения задания – до 5 минут.

- Задание выполняется без предварительной подготовки.

- Вам нужно принять участие в диалогах. Вы слушаете реплику тестирующего преподавателя и даёте ответную реплику. Если вы не успеете дать ответ, не задерживайтесь, слушайте следующую реплику.

- Помните, что вы должны дать полный ответ (ответы «да», «нет», «не знаю» не являются полными).

**Задание 1 (позиции 1–5). Примите участие в диалогах. Ответьте на реплики собеседника.**

**1.** – Алло! Здравствуй, Вера!

– _____ .

– Вера! Ты была вчера в нашей новой библиотеке?

– _____ .

– Скажи, пожалуйста, как работает библиотека и какие учебники нам нужно взять?

– _____ .

   – Спасибо.

   – _____ .

2. – Поликлиника номер 24. Здравствуйте!

   – _____ .

   – Слушаю вас.

   – _____ .

   – Вам нужно пойти к доктору Ивановой.

   – _____ .

   – Сегодня врач Иванова работает до восьми часов вечера в кабинете № 33 на третьем этаже.

   – _____ .

   – Пожалуйста!

3. – Привет, Вадим!

   – _____ .

   – Утром я видела тебя и Андрея в кафе. Но на первой лекции по литературе вас не было. Что-то случилось?

   – _____ .

4. – Извините, вы не скажете, как доехать до рынка?

   – _____ .

   – Спасибо, а сколько времени туда нужно ехать?

   – _____ .

   – Благодарю вас.

   – _____ .

**5.** – Виктор, я знаю, что вчера вечером ты собирался смотреть по телевизору футбол.

– _____ .

– Кто играл?

– _____ .

– А кто выиграл?

– _____ .

– Спасибо за информацию.

– _____ .


### Инструкция к выполнению задания 2
### (позиции 6–10)

- Время выполнения задания – до 8 минут.

- Задание выполняется без предварительной подготовки.

- Вам нужно принять участие в диалогах. Вы знакомитесь с ситуацией и после этого начинаете диалог, чтобы решить поставленную задачу. Если одна из ситуаций покажется вам трудной, переходите к следующей ситуации.


**Задание 2 (позиции 6–10). Познакомьтесь с описанием ситуации. Начните диалог.**

**6.** Вы на даче. Ваша подруга заболела. У неё, наверное, грипп, а лекарства на даче нет. Здесь нет и поликлиники, но недалеко от дома есть аптека. Пойдите в аптеку, расскажите о болезни подруги и спросите, какое лекарство нужно купить.

**7.** Скоро у вас зимние каникулы. Вы хотите поехать с другом (подругой) на родину на две недели. Купите в кассе или турагентстве билеты на самолёт.

**8.** Вы собираетесь в театр. Если вы поедете на городском транспорте, то опоздаете. Вызовите такси по телефону.

**9.** Вы получили письмо от своего знакомого (знакомой). Расскажите подруге (другу), о чём он (она) написал(-а) в этом письме.

**10.** У вас дома нет овощей и фруктов. Сходите в магазин (на рынок) и купите всё, что вам необходимо.

### Инструкция к выполнению задания 3 (позиции 11, 12)

- Время выполнения задания – до 25 минут (15 минут – подготовка, 10 минут – ответ). При подготовке задания можно пользоваться словарём.

**Задание 3 (позиции 11, 12).** Прочитайте рассказ известного английского писателя О. Генри о любви двух небогатых людей. Кратко передайте его содержание.

### ПОДАРКИ К РОЖДЕСТВУ

Делла несколько раз пересчитала свои деньги. У неё был всего один доллар восемьдесят семь центов. А завтра праздник, Рождество. И она должна купить подарок Джиму.

Делла и Джим недавно поженились. Они жили очень бедно, так как Джим получал только двадцать долларов в неделю. Но когда он приходил в их маленькую квартирку, его всегда радостно встречала любящая жена. И это было очень приятно.

Делла подошла к зеркалу, посмотрела на себя и поняла, что надо делать.

В их семье были две прекрасные, ценные вещи, которыми они очень гордились: золотые часы Джима, которые раньше принадлежали его отцу, а ещё раньше деду, и прекрасные длинные волосы Деллы.

Когда рано утром Джим ушёл на работу, Делла подошла к зеркалу, посмотрела на свои волосы, немного поплакала и вышла на улицу. Она быстро дошла до магазина, на котором было написано: «Покупаем волосы». Делла вошла в магазин, поднялась на второй этаж и спросила у хозяйки магазина, не купит ли она её волосы. «Да, я покупаю волосы, но сначала я хочу их посмотреть. Снимите шляпу».

Хозяйка магазина предложила ей за волосы двадцать долларов, и Делла, конечно, согласилась. Теперь у неё были деньги, и она пошла покупать подарок мужу. Делла обошла несколько магазинов и наконец нашла то, что искала. Вот он, прекрасный подарок для Джима. Цепочка для часов! Красивая вещь, скромная и солидная! Когда у Джима будет цепочка, он сможет часто смотреть на свои любимые часы.

В 7 часов вечера Делла приготовила ужин и с подарком в руках села у двери ждать, когда придёт Джим. Она очень волновалась: что скажет муж, когда увидит её. Джим никогда не опаздывал. Он всегда приходил точно в 7 часов. И вот открылась дверь, и вошёл Джим. У него было серьёзное лицо. Но Делла не могла понять, почему он так странно смотрит на неё.

– Джим, – сказала Делла. – Я продала свои волосы, потому что хотела сделать тебе подарок к Рождеству! Не сердись на меня! У меня быстро растут волосы. Ты будешь любить меня с короткими волосами?

Джим обнял свою жену, а потом положил на стол свой подарок и сказал:

– Я буду любить тебя всегда. И совсем неважно, какие у тебя волосы, длинные или короткие. А сейчас, Делла, посмотри мой подарок.

Делла открыла пакет. Сначала она закричала от радости, а потом заплакала, как любая другая женщина на её месте. На столе лежали прекрасные украшения для волос. О них уже давно мечтала Делла. Эти украшения стоили очень дорого. Делла часто смотрела на них, когда проходила мимо витрины одного дорогого магазина. Джим подарил ей эти красивые вещи, но у неё уже нет прекрасных длинных волос. Она сначала улыбнулась, потом заплакала и сказала: «У меня очень быстро растут волосы». И тут Делла вспомнила, что муж ещё не видел её подарок. Она дала ему маленький пакетик, где лежала цепочка, которую она купила для его часов. А потом сказала, что теперь он может сто раз в день смотреть, который час. Конечно, Джим был рад такому подарку. Но теперь у него не было часов. Он продал их, чтобы купить жене подарок. Он посмотрел на жену и с любовью сказал:

– Делла, давай спрячем наши подарки, потому что сейчас они не нужны нам. Подождём немного. Но я уверен, что через год мы подарим их друг другу, и они будут нам очень нужны.

Я рассказал вам простую историю о двух добрых глупых людях, которые отдали самое дорогое, что у них было, чтобы сделать подарки друг другу. А может быть, они были умными? Потому что умны те, кто дарит и принимает подарки так, как сделали эти двое любящих друг друга людей.

(По О. Генри)

**11.** Сформулируйте основную идею текста.

**12.** Выразите своё отношение к данной идее.

## Инструкция к выполнению задания 4
## (позиция 13)

- Время выполнения задания – до 20 минут (10 минут – подготовка, 10 минут – ответ).

- Вы должны подготовить сообщение на предложенную тему.
- Вы можете составить план сообщения, но не должны читать своё сообщение.

**Задание 4 (позиция 13). В России вы познакомились с новыми людьми. Расскажите им о вашей стране по плану:**

- **местонахождение страны и её климат;**
- **краткая история страны;**
- **столица – политический, культурный, экономический центр страны.**

**В вашем рассказе должно быть не менее 20 фраз.**

# 2부 정답

# Контрольные матрицы

## ЛЕКСИКА. ГРАММАТИКА

어휘, 문법 영역 정답

**МАКСИМАЛЬНОЕ КОЛИЧЕСТВО БАЛЛОВ ЗА ТЕСТ – 165**

### ЧАСТЬ 1

| № | А | Б | В | Г |
|---|---|---|---|---|
| 1 |  | **Б** |  |  |
| 2 |  |  | **В** |  |
| 3 |  | **Б** |  |  |
| 4 | **А** |  |  |  |
| 5 |  |  | **В** |  |
| 6 |  | **Б** |  |  |
| 7 |  | **Б** |  |  |
| 8 |  | **Б** |  |  |
| 9 |  |  | **В** |  |
| 10 |  | **Б** |  |  |
| 11 | **А** |  |  |  |
| 12 |  | **Б** |  |  |
| 13 | **А** |  |  |  |
| 14 |  |  | **В** |  |
| 15 |  | **Б** |  |  |
| 16 |  |  | **В** |  |
| 17 |  |  | **В** |  |
| 18 | **А** |  |  |  |
| 19 |  | **Б** |  |  |
| 20 |  | **Б** |  |  |
| 21 |  | **Б** |  |  |
| 22 | **А** |  | **В** |  |
| 23 | **А** |  |  |  |
| 24 | **А** |  | **В** |  |
| 25 |  | **Б** | **В** |  |

### ЧАСТЬ 2

| № | А | Б | В | Г |
|---|---|---|---|---|
| 26 |  |  |  | **Г** |
| 27 |  | **Б** |  |  |
| 28 | **А** |  |  |  |
| 29 |  | **Б** |  |  |
| 30 | **А** |  |  |  |
| 31 |  | **Б** |  |  |
| 32 |  |  | **В** |  |
| 33 |  | **Б** |  |  |
| 34 |  |  |  | **Г** |

| № | | | | | № | | | | |
|---|---|---|---|---|---|---|---|---|---|
| 35 | А | Б | **В** | Г | 59 | **А** | Б | В | Г |
| 36 | А | **Б** | В | Г | 60 | А | Б | **В** | Г |
| 37 | А | Б | **В** | Г | 61 | А | Б | **В** | Г |
| 38 | А | Б | В | **Г** | 62 | А | Б | В | **Г** |
| 39 | А | **Б** | В | Г | 63 | **А** | Б | В | Г |
| 40 | А | Б | В | **Г** | 64 | А | Б | **В** | Г |
| 41 | А | Б | **В** | Г | 65 | А | Б | В | **Г** |
| 42 | **А** | Б | В | Г | 66 | А | **Б** | В | Г |
| 43 | А | Б | В | **Г** | 67 | А | Б | **В** | Г |
| 44 | **А** | Б | В | Г | 68 | А | Б | **В** | Г |
| 45 | А | Б | В | **Г** | 69 | **А** | Б | В | Г |
| 46 | А | Б | **В** | Г | 70 | **А** | Б | В | Г |
| 47 | А | Б | **В** | Г | 71 | **А** | Б | В | Г |
| 48 | А | Б | **В** | Г | 72 | А | Б | В | **Г** |
| 49 | А | Б | В | **Г** | 73 | А | **Б** | В | Г |
| 50 | А | **Б** | В | Г | 74 | **А** | Б | В | Г |
| 51 | **А** | Б | В | Г | 75 | А | Б | **В** | Г |
| 52 | А | Б | **В** | Г | 76 | А | **Б** | В | Г |
| 53 | А | Б | В | **Г** | 77 | **А** | Б | В | Г |
| 54 | А | Б | В | **Г** | | ЧАСТЬ 3 | | | |
| 55 | А | Б | **В** | Г | 78 | А | **Б** | В | Г |
| 56 | А | Б | **В** | Г | 79 | А | Б | **В** | Г |
| 57 | А | Б | **В** | Г | 80 | А | **Б** | В | Г |
| 58 | А | **Б** | В | Г | 81 | А | Б | **В** | Г |

| # | | | | | # | | | | |
|---|---|---|---|---|---|---|---|---|---|
| 82 | А | **Б** | В | Г | 106 | А | **Б** | В | Г |
| 83 | А | Б | **В** | Г | 107 | **А** | Б | В | Г |
| 84 | А | Б | **В** | Г | 108 | А | **Б** | В | Г |
| 85 | **А** | Б | В | Г | 109 | **А** | Б | В | Г |
| 86 | А | **Б** | В | Г | 110 | А | **Б** | В | Г |
| 87 | А | **Б** | В | Г | 111 | **А** | Б | В | Г |
| 88 | А | **Б** | В | Г | 112 | **А** | Б | В | Г |
| 89 | **А** | Б | В | Г | 113 | **А** | Б | В | Г |
| 90 | **А** | Б | В | Г | 114 | А | **Б** | В | Г |
| 91 | А | **Б** | В | Г | 115 | **А** | Б | В | Г |
| 92 | А | **Б** | В | Г | 116 | **А** | Б | В | Г |
| 93 | **А** | Б | В | Г | 117 | А | Б | В | **Г** |
| 94 | А | Б | **В** | Г | 118 | А | **Б** | В | Г |
| 95 | А | **Б** | В | Г | 119 | А | Б | **В** | Г |
| 96 | А | Б | **В** | Г | 120 | **А** | Б | В | Г |
| 97 | А | **Б** | В | Г | 121 | А | Б | В | **Г** |
| 98 | А | Б | **В** | Г | 122 | А | Б | В | **Г** |
| 99 | **А** | Б | В | Г | 123 | **А** | Б | В | Г |
| 100 | А | **Б** | В | Г | 124 | А | Б | **В** | Г |
| 101 | А | **Б** | В | Г | 125 | А | Б | В | **Г** |
| 102 | А | **Б** | В | Г | 126 | А | **Б** | В | Г |
| 103 | **А** | Б | В | Г | 127 | **А** | Б | В | Г |
| 104 | А | **Б** | В | Г | 128 | А | **Б** | В | Г |
| 105 | **А** | Б | В | Г | 129 | А | Б | **В** | Г |

## ЧАСТЬ 4

| # | А | Б | В | Г |
|---|---|---|---|---|
| 130 | А | Б | **В** | Г |
| 131 | **А** | Б | В | Г |
| 132 | А | **Б** | В | Г |
| 133 | А | Б | **В** | Г |
| 134 | **А** | Б | В | Г |
| 135 | А | **Б** | В | Г |
| 136 | А | **Б** | В | Г |
| 137 | **А** | Б | В | Г |
| 138 | А | Б | В | **Г** |
| 139 | А | Б | В | **Г** |
| 140 | **А** | Б | В | Г |
| 141 | А | Б | **В** | Г |
| 142 | А | Б | **В** | Г |
| 143 | **А** | Б | В | Г |
| 144 | А | Б | **В** | Г |
| 145 | А | **Б** | В | Г |
| 146 | А | Б | В | **Г** |
| 147 | А | Б | **В** | Г |
| 148 | А | **Б** | В | Г |
| 149 | А | Б | **В** | Г |
| 150 | **А** | Б | В | Г |
| 151 | А | Б | **В** | Г |
| 152 | А | **Б** | В | Г |
| 153 | А | Б | В | **Г** |
| 154 | **А** | Б | В | Г |
| 155 | А | **Б** | В | Г |
| 156 | **А** | Б | В | Г |
| 157 | А | **Б** | В | Г |
| 158 | А | Б | **В** | Г |
| 159 | **А** | Б | В | Г |
| 160 | А | **Б** | В | Г |
| 161 | **А** | Б | В | Г |
| 162 | А | **Б** | В | Г |
| 163 | А | Б | **В** | Г |
| 164 | **А** | Б | В | Г |
| 165 | А | Б | В | **Г** |

# ЧТЕНИЕ

읽기 영역 정답

**МАКСИМАЛЬНОЕ КОЛИЧЕСТВО БАЛЛОВ ЗА ТЕСТ – 140**

| №  | А | Б | В |
|----|---|---|---|
| 1  | А | **Б** | В |
| 2  | **А** | Б | В |
| 3  | А | Б | **В** |
| 4  | А | Б | **В** |
| 5  | **А** | Б | В |
| 6  | **А** | Б | В |
| 7  | А | Б | **В** |
| 8  | А | **Б** | В |
| 9  | А | Б | **В** |
| 10 | **А** | Б | В |
| 11 | А | Б | **В** |
| 12 | А | **Б** | В |
| 13 | **А** | Б | В |
| 14 | **А** | Б | В |
| 15 | А | Б | **В** |
| 16 | **А** | Б | В |
| 17 | А | **Б** | В |
| 18 | **А** | Б | В |
| 19 | **А** | Б | В |
| 20 | **А** | Б | В |

# АУДИРОВАНИЕ

듣기 영역 정답

**МАКСИМАЛЬНОЕ КОЛИЧЕСТВО БАЛЛОВ ЗА ТЕСТ – 120**

| №  | A | Б | В |
|----|---|---|---|
| 1  | **А** | Б | В |
| 2  | **А** | Б | В |
| 3  | **А** | Б | В |
| 4  | А | **Б** | В |
| 5  | **А** | Б | В |
| 6  | А | **Б** | В |
| 7  | А | Б | **В** |
| 8  | А | Б | **В** |
| 9  | **А** | Б | В |
| 10 | А | Б | **В** |
| 11 | А | Б | **В** |
| 12 | А | **Б** | В |
| 13 | А | Б | **В** |
| 14 | А | Б | **В** |
| 15 | А | **Б** | В |

| №  | A | Б | В |
|----|---|---|---|
| 16 | А | Б | **В** |
| 17 | А | **Б** | В |
| 18 | **А** | Б | В |
| 19 | А | Б | **В** |
| 20 | **А** | Б | В |
| 21 | А | Б | **В** |
| 22 | А | Б | **В** |
| 23 | **А** | Б | В |
| 24 | А | Б | **В** |
| 25 | А | Б | **В** |
| 26 | А | **Б** | В |
| 27 | **А** | Б | В |
| 28 | **А** | Б | В |
| 29 | А | **Б** | В |
| 30 | А | Б | **В** |

## 녹음 원문

***Задания 1–5.*** Прослушайте аудиотекст 1 – статью из газеты «Здоровье». Постарайтесь понять, какую роль играет спорт в жизни людей. Выполните задания к аудиотексту.

АУДИОТЕКСТ 1

Спорт – это здоровье. В России спортом занимаются везде: в детских садах, в школах, в университетах, в институтах, на заводах и фабриках. Известно, что каждый шестой человек занимается спортом.

Раньше самым массовым видом спорта был волейбол. Сейчас в России ситуация немного изменилась, и волейбол теперь не самая популярная игра. Многие играют в футбол, в баскетбол, в теннис, в хоккей.

Когда начинают заниматься спортом? Обычно это бывает ещё в детстве, в школе.

А что влияет на решение детей заниматься спортом? Семья? Советы родителей? Или школа, где есть обязательные уроки физкультуры два раза в неделю? Или и то и другое?

Учёные заинтересовались этой проблемой. Они попросили школьников ответить на вопросы анкеты и получили неожиданные результаты. Стало ясно, что советы родителей не оказывают большого влияния на выбор вида спорта их детьми. Только 5 % школьников ответили, что они начали заниматься спортом по совету родителей.

Самое большое влияние на учеников оказали спортивные программы по радио и телевидению, информация из Интернета. 77 % учеников сказали, что именно эти средства массовой информации были главной причиной того, что они начали заниматься спортом.

Другая причина – чтение спортивных газет и журналов.

*Задания 6–10.* **Прослушайте аудиотекст 2 – фрагмент из биографии Софьи Ковалевской. Постарайтесь понять, кем была эта женщина и о каких событиях из её жизни рассказывается в данном аудиотексте. Выполните задания к аудиотексту.**

АУДИОТЕКСТ 2

Софья Ковалевская родилась в Москве. Ещё в детстве она начала писать стихи и хотела стать поэтом, но скоро родители поняли, что у девочки необыкновенные математические способности. После окончания гимназии Ковалевская хотела продолжать заниматься математикой, но в то время в России женщин в университет не принимали, поэтому она уехала учиться в Германию.

Однажды вечером в дом известного немецкого профессора математики пришла молодая девушка и попросила учёного давать ей уроки математики. Это была Софья Ковалевская. Профессор согласился. Она стала его любимой ученицей. Четыре года он давал ей уроки математики и помогал своими советами.

В 1874 году Софья Ковалевская получила степень доктора философии, а потом вернулась в Россию. Она хотела работать преподавателем в Петербургском университете. Но путь в науку в России для женщины в то время был закрыт. Софья Ковалевская опять уехала в Европу, но и там женщине-математику было трудно найти преподавательскую или научную работу.

Несколько лет она не работала, писала книги, статьи, стихи, романы и повести.

Софья Ковалевская была не только талантливым математиком, но и интересным писателем. Она написала прекрасные стихи, интересные драмы и повести. Софья Ковалевская умерла рано, когда ей был только 41 год.


*Задания 11–15.* **Прослушайте аудиотекст 3 – фрагмент радиопередачи об известных русских сувенирах. Постарайтесь понять, о каком русском сувенире рассказывается в передаче. Выполните задания к аудиотексту.**

АУДИОТЕКСТ 3

Если мы говорим о самых известных русских сувенирах, то мы обычно называем матрёшку. Но не все знают, что эта игрушка появилась в России в конце XIX века и что матрёшка имеет очень интересную историю. А случилось это так.

Жене известного русского бизнесмена Александре Мамонтовой знакомые привезли из Японии необычную игрушку. Это была кукла, похожая на японца, а в ней находились такие же фигурки, но меньшие по размеру.

Женщине очень понравилась оригинальная японская игрушка, и она решила сделать похожую игрушку, но в русском стиле: куклу в виде фигурки молодой девушки в русском национальном костюме.

Когда кукла была готова, кто-то из друзей Александры Мамонтовой сказал: «Ой! Ну, настоящая наша Матрёна, Матрёнушка!» Фигурка действительно была похожа на девушку, которая в то время работала у Мамонтовой и которую звали Матрёна.

После этого случая игрушку стали называть матрёшкой.

В 1900 году во Франции, в Париже, на выставке русская матрёшка была награждена золотой медалью. С тех пор её любят и знают во всех странах мира и считают русским сувениром.

Недавно был установлен рекорд: в маленьком русском городе Семёнове, где давно занимаются народными ремёслами, сделали самую большую матрёшку, в которой находится 56 кукол. Рост первой куклы – один метр, а последняя матрёшка – меньше чем один сантиметр.

*Задания 16–20.* **Прослушайте аудиотекст 4 – разговор двух студентов, Лены и Виктора. Постарайтесь понять, что они обсуждали и о чём договорились. Выполните задания к аудиотексту.**

АУДИОТЕКСТ 4
(диалог)

– Алло! Я вас слушаю.

– Здравствуй, Виктор! Это Лена. Как дела?

– Привет, Лена. Все хорошо. Сдал все экзамены. А ты как? Всё сдала?

– Нет, остался последний экзамен по истории. Потом летняя сессия закончится, и можно будет отдохнуть. Виктор, я решила тебе позвонить, потому что скоро у Нины день рождения. Ты помнишь, она нас пригласила? Что ты собираешься подарить ей?

– Я ещё не решил. Может быть, книгу или цветы. А что подаришь ей ты, Лена?

– Я хочу подарить интересную компьютерную игру.

– Какую?

– Секрет.

– Хорошо, я не буду спрашивать. Лена, посоветуй мне, что я могу подарить Нине?

– Виктор, обычно люди в день рождения очень ждут внимания и любви. Ты же прекрасно рисуешь. Подари Нине свою картину.

– Правильно, я так и сделаю, подарю ей красивую картину.

***Задания 21–25.*** **Прослушайте аудиотекст 5 – разговор пассажира с кассиром на вокзале. Постарайтесь понять, о чём спрашивал пассажир кассира. Выполните задания к аудиотексту.**

АУДИОТЕКСТ 5
(диалог)

– Здравствуйте! Мне нужно 2 билета на поезд Москва – Киев.
– Из Москвы в Киев идут два поезда: поезд номер 4 вечером и поезд номер 19 утром.
– А по каким дням они отправляются?
– Ежедневно.
– Дайте, пожалуйста, два билета на поезд номер четыре на вторник, на двадцатое августа.
– Какой вагон вы хотите? Общий?
– Нет, купейный, пожалуйста.
– Хорошо. Возьмите билеты. Поезд номер 4 отправляется двадцатого августа, во вторник, с Киевского вокзала в 18 часов, вагон номер 3, места – первое и второе.
– Большое спасибо!
– Пожалуйста!

***Задания 26–30.*** **Прослушайте аудиотекст 6 – фрагмент интервью с Ольгой Ивановной. Постарайтесь понять, кто такая Ольга Ивановна, кем она была раньше и кем она работает сейчас. Выполните задания к аудиотексту.**

АУДИОТЕКСТ 6
(диалог)

– Добрый день, Ольга Ивановна! Меня зовут Олег. Я журналист и работаю в журнале «Школа».
– Здравствуйте, Олег! Очень приятно.
– Я знаю, что вы победили в конкурсе «Лучший учитель года». Могу я взять у вас интервью?
– Да. Пожалуйста. Я с удовольствием отвечу на все ваши вопросы.
– Ольга Ивановна, вы любите свою работу?
– Очень люблю.
– Вы стали преподавать английский язык в школе сразу после университета?

– Нет, не сразу. Сначала я работала в фирме переводчицей, так как я знала ещё французский и испанский языки. Потом я оттуда ушла и стала преподавать английский язык в школе.

– А почему вы ушли из фирмы? Вам не нравилась работа?

– Нет, работа мне нравилась, но однажды соседи попросили меня позаниматься с их детьми английским языком. Мне очень понравилось заниматься с детьми. Так я начала преподавать. Поэтому я решила работать в школе.

– Ольга Ивановна, вы не жалеете, что ушли из фирмы?

– Нет. Мне очень нравится моя работа.

– Рад был с вами познакомиться. Желаю дальнейших успехов в вашей работе!

– Спасибо, Олег. До свидания!

– До свидания!

# ПИСЬМО

쓰기 영역 예시 답안

*Задание 1.* **Вас интересует проблема глобализации экономики в современном мире. Прочитайте текст и письменно изложите свою точку зрения по следующим вопросам:**

1. Какие явления характерны для глобализации мировой экономики?
2. Почему о завершении глобализации мировой экономики стало возможно говорить только после распада СССР?
3. На каких рынках глобализация еще имеет перспективы дальнейшего развития?
4. Оцените взгляды автора на неолиберальную модель экономики. Выразите свое согласие или несогласие с аргументами автора..
5. Почему глобализация мировой экономики может остановиться? Дайте оценку прогнозам автора текста.

*Первый вариант ответа*

**1. Какие явления характерны для глобализации мировой экономики?**

По мнению автора, глобализация – это высшая стадия интернационализации экономики. В результате глобализации появляется всемирный рынок товаров, капиталов, рабочей силы и знаний. Большую роль в глобализации играют транснациональные корпорации.

**2. Почему о завершении глобализации мировой экономики стало возможно говорить только после распада СССР?**

В странах Запада о глобализации стали говорить в начале 1980-х годов, но социалистические страны, которые в то время были заметной частью мировой экономики, оставались в стороне от глобализации. Мир был разделён на две экономические системы. Теперь, после распада СССР в начале 1990-х годов, почти все страны мира развиваются по похожей социально-экономической модели. ТНК стали играть глобальную роль. Поэтому именно в 1990-х годах интернационализация перешла в стадию глобализации.

**3. На каких рынках глобализация еще имеет перспективы дальнейшего развития?**

Степень глобализации на разных рынках разная. Например, финансовый рынок глобализирован сильно, а рынок услуг – значительно меньше. На некоторых рынках глобализации пока нет. Поэтому глобализация, возможно, будет развиваться дальше, например, на рынках электронной торговли, энергетическом рынке, рынке государственных заказов, в области трудовой миграции.

**4. Оцените взгляды автора на неолиберальную модель экономики. Выразите своё согласие или несогласие с аргументами автора.**

По мнению автора, неолиберальная модель глобализации имеет негативные стороны. Я согласен (согласна) с его мнением. Действительно, глобализация создаёт конфликты. Например, в Корее некоторые люди выступают против соглашений о свободной торговле. Они говорят, что эти соглашения не учитывают интересы корейских крестьян. Кроме того, автор прав, когда пишет, что из-за глобализации увеличивается разница между богатыми и бедными. Миллиарды людей в мире живут в бедности, и глобализация не помогает решить эту очень острую проблему.

**5. Почему глобализация мировой экономики может остановиться? Дайте оценку прогнозам автора текста.**

Глобализация может остановиться из-за тех её негативных сторон, о которых пишет автор. Он также считает, что причиной поворота к «деглобализации» может стать мировой терроризм. По мнению автора, глобализация будет играть главную роль в мировой экономике до 2020 года, а после этого может остановиться. С одной стороны, я согласен (согласна) с тем, что глобализация создает много проблем. С другой стороны, я думаю, что глобализация продолжится, потому что она очень выгодна богатым странам и транснациональным корпорациям.

*Второй вариант ответа*

**1. Какие явления характерны для глобализации мировой экономики?**

Глобализация – это самая высокая ступень интернационализации хозяйственной жизни. Она создала глобальный рынок не только товаров, но и капиталов, рабочей силы и знаний. Лидируют на этом рынке транснациональные корпорации.

**2. Почему о завершении глобализации мировой экономики стало возможно говорить только после распада СССР?**

Раньше в мире были капиталистические и социалистические страны. Транснациональные компании играли большую роль в капиталистических странах, но в социалистических странах не имели серьёзных позиций. Только после распада СССР роль ТНК действительно стала глобальной. Поэтому стало возможно говорить о завершении глобализации мировой экономики.

**3. На каких рынках глобализация еще имеет перспективы дальнейшего развития?**

Некоторые рынки пока не полностью глобализованы или не достигли стадии глобализации. Например, электронная торговля до сих пор ведется на региональном уровне. На таких рынках глобализация будет продолжаться. Среди сфер, в которых глобализация имеет перспективы дальнейшего развития, можно назвать электронную торговлю, энергетику, государственный заказ, трудовую миграцию. Кроме того, те услуги, которые раньше нельзя было глобализировать, можно будет глобализировать в будущем, когда у нас будут новые технологии. Например, можно будет глобализировать образование.

**4. Оцените взгляды автора на неолиберальную модель экономики. Выразите своё согласие или несогласие с аргументами автора.**

Автору не нравится современная неолиберальная модель глобализации. По его мнению, эта модель выгодна только богатым странам. Она не решает проблем развивающихся стран, создает острые экономические конфликты между богатыми и бедными. Богатые становятся богаче, бедные – беднее. Я не согласен с автором. Мне кажется, он в своей статье не доказал, что именно неолиберальная модель глобализации создает разницу между бедными и богатыми. У этой проблемы могут быть другие причины, не связанные с глобализацией, например, отсутствие демократии и коррупция.

**5. Почему глобализация мировой экономики может остановиться? Дайте оценку прогнозам автора текста.**

Автор думает, что предсказать бесконечное развитие глобализации нельзя, потому что, по его мнению, глобализация создает много проблем. Кроме того, автор говорит, что глобализацию может остановить экспансия мирового терроризма. Я не согласен с автором. Я думаю, что причина глобализации – это развитие транспорта и технологий, таких как интернет. Технологии постоянно развиваются, поэтому, мне кажется, что глобализация тоже будет развиваться, несмотря на все проблемы.

***Задание 2.*** **Вы вернулись из России на родину и хотите поздравить вашу русскую подругу или преподавательницу с Новым годом (Рождеством). Напишите поздравление, коротко расскажите, как встречают эти праздники у вас на родине.**

*Первый вариант ответа*

Здравствуй, дорогая Даша! Хочу поздравить тебя с Новым годом. Желаю тебе и твоим родителям здоровья, счастья, успехов во всём!

Я очень скучаю по Москве, по университету, по нашей группе. Как быстро летит время! Я уже полгода в Германии, продолжаю учиться в университете. Жизнь и учёба в Москве мне очень помогли. Я стала лучше говорить по-русски.

Скоро Рождество и Новый год! У нас, как ты знаешь, люди больше празднуют Рождество. В это время целую неделю все отдыхают. Дети, если они учатся или работают, едут из разных мест домой к родителям, все родственники собираются вместе и празднуют 24–25 декабря этот замечательный праздник. Люди дарят друг другу подарки, готовят вкусные блюда, сидят за столом, разговаривают друг с другом, рассказывают, как они прожили этот год, что нового у них случилось за это время.

Я знаю, что в России тоже празднуют Рождество, но в вашей стране этот праздник отмечают 7 января. Поэтому я хочу поздравить тебя и твоих родителей и с Рождеством! Я очень хочу пожелать вам всего самого доброго, но главное, конечно, здоровья.

Всегда твоя подруга Барбара

*Второй вариант ответа*

Глубокоуважаемая Нина Николаевна!

Разрешите поздравить Вас с наступающим Новым годом и пожелать Вам и Вашим родным здоровья, счастья и успехов во всём. Я знаю, что 7 января Вы празднуете Рождество. В Корее тоже отмечают этот праздник, но 24–25 декабря. Корейцы празднуют и Новый год, как русские, но для многих Рождество – более важный праздник, чем Новый год. Особенно любит Рождество молодёжь. В этот день юноши и девушки встречаются друг с другом, дарят друг другу подарки, вместе гуляют, ходят в кафе и в кино. В Рождество на улицах городов очень красиво. Около универмагов и в центре города стоят большие ёлки, на деревьях висят яркие гирлянды. Многие люди наряжают небольшие ёлки дома. Я очень люблю этот праздник, но Новый год мне тоже нравится. Я часто вспоминаю, как мы праздновали Новый год в Москве. Я скучаю по Вам, дорогая Нина Николаевна, по

Москве, по университету, по друзьям.

Я очень надеюсь, что летом приеду в Москву на курсы русского языка месяца на два, и, конечно, надеюсь, что Вы будете преподавать нам русский язык.

До встречи!

Всегда с благодарностью и уважением,

Ваш студент Чон

# ГОВОРЕНИЕ
## 말하기 영역 예시 답안

*Задание 1 (позиции 1–5).* **Примите участие в диалогах. Ответьте на реплики собеседника.**

1.

*Первый вариант ответа*

– Алло! Здравствуй, Вера!

– <u>Привет, Роман!</u>

– Вера, ты была вчера в нашей новой библиотеке?

– <u>Да, была.</u>

– Скажи, пожалуйста, как работает библиотека и какие учебники нам нужно взять?

– <u>Наша библиотека работает каждый день с 9 до 18 часов, кроме субботы и воскресенья. Тебе обязательно нужно взять учебники по математике и истории.</u>

– Спасибо.

– <u>Пожалуйста.</u>

*Второй вариант ответа*

– Алло! Здравствуй, Вера!

– <u>Здравствуй, Максим!</u>

– Вера, ты была вчера в нашей новой библиотеке?

– <u>Да, я ходила в библиотеку.</u>

– Скажи, пожалуйста, как работает библиотека и какие учебники нам нужно взять?

– <u>Библиотека сейчас не работает, потому что там делают ремонт. Но через неделю она будет работать каждый день с 10 до 18 часов, а в субботу с 10 до 15 часов. Когда библиотека откроется, возьми учебники по русскому языку и словари.</u>

– Спасибо.

– <u>Не за что.</u>

## 2.

*Первый вариант ответа:*

– Поликлиника номер 24. Здравствуйте!

– <u>Здравствуйте!</u>

– Слушаю вас.

– <u>У меня очень болит голова, есть температура, насморк и кашель. Мне нужен хороший врач. Посоветуйте, пожалуйста.</u>

– Вам нужно пойти к доктору Ивановой.

– <u>Скажите, пожалуйста, в какое время, и в каком кабинете принимает этот доктор?</u>

– Сегодня врач Иванова работает до восьми часов вечера в кабинете № 33 на третьем этаже.

– <u>Большое спасибо!</u>

– Пожалуйста!

*Второй вариант ответа*

– Поликлиника номер 24. Здравствуйте!

– <u>Доброе утро, девушка!</u>

– Слушаю вас.

– <u>Я очень плохо себя чувствую. У меня высокая температура и болит живот. Посоветуйте, пожалуйста, к кому мне пойти.</u>

– Вам нужно пойти к доктору Ивановой.

– <u>Скажите, пожалуйста, когда и в каком кабинете работает этот врач?</u>

– Сегодня врач Иванова работает до восьми часов вечера в кабинете №33 на третьем этаже.

– <u>Благодарю вас.</u>

– Пожалуйста!

## 3.

*Первый вариант ответа*

– Привет, Вадим!

– <u>Привет, Марина!</u>

– Утром я видела тебя и Андрея в кафе. Но на первой лекции по литературе вас не было. Что-то случилось?

– Ты же знаешь, что после лекции у нас должна быть контрольная работа по русскому языку, поэтому мы решили ещё раз повторить все правила.

***Второй вариант ответа***

– Привет, Вадим!

– Здравствуй, Наташа!

– Утром я видела тебя и Андрея в кафе. Но на первой лекции по литературе вас не было. Что-то случилось?

– Наташа, ты не забыла, что сегодня вечером в университете будет концерт? На вечере мы будем читать стихи, поэтому нам нужно было повторить их ещё раз. Вот мы и не пошли на лекцию.

## 4.

***Первый вариант ответа***

– Извините, вы не скажете, как доехать до рынка?

– Конечно, скажу. До рынка можно доехать на автобусе №15.

– Спасибо, долго туда ехать?

– Это недалеко. Примерно полчаса.

– Благодарю вас.

– Не стоит.

***Второй вариант ответа***

– Извините, вы не скажете, как доехать до рынка?

– Скажу. Сначала вам нужно проехать три остановки на трамвае, а потом идти пешком в сторону кинотеатра «Заря».

– Спасибо, а сколько времени туда ехать?

– На трамвае вам нужно будет ехать минут 10, а потом 5 минут идти пешком.

– Благодарю вас.

– Пожалуйста!

## 5.

***Первый вариант ответа***

– Виктор, я знаю, что вчера вечером ты собирался смотреть по телевизору футбол.

– Да, я смотрел. Игра была очень интересная.

– А кто играл?

– Играла наша университетская команда с командой из медицинского института.

– Кто выиграл?

– Наша команда выиграла. Счёт 3:2.

– Спасибо за информацию.

– Пожалуйста!

*Второй вариант ответа*

– Виктор, я знаю, что вчера вечером ты собирался смотреть по телевизору футбол.

– К сожалению, я не смог посмотреть футбольный матч, потому что у нас сломался телевизор.

– А кто играл?

– Играли команды Бразилии и Германии.

– Кто выиграл?

– Утром сосед сказал мне, что команда Германии проиграла. Очень жаль, что эта команда не будет участвовать в финале.

– Спасибо за информацию.

– Не за что.

**Задание 2 *(позиции 6–10)*. Познакомьтесь с описанием ситуации. Начните диалог.**

6. Вы на даче. Ваша подруга заболела. У неё, наверное, грипп, а лекарства на даче нет. Здесь нет и поликлиники, но недалеко от дома есть аптека. Пойдите в аптеку, расскажите о болезни подруги и спросите, какое лекарство нужно купить.

*Первый вариант ответа*

– Аптека. Слушаю вас.

– Моя подруга заболела. У неё очень высокая температура и болит голова. Какое лекарство ей нужно купить?

– Вам нужно купить аспирин.

– Как его принимать?

– Три раза в день после еды.

– Спасибо!

– Пожалуйста!

***Второй вариант ответа***

– Аптека. Чем я могу вам помочь?
– У моей подруги, наверное, грипп, а дома нет лекарства. Посоветуйте, какое лекарство ей надо принять?
– У неё есть температура?
– Да, 38 и 5.
– Тогда вам нужно купить парацетамол. Он ей поможет.
– Как часто его нужно принимать?
– Три раза в день после еды.
– Спасибо!
– Пожалуйста!

**7. Скоро у вас зимние каникулы. Вы хотите поехать с другом (подругой) на родину на две недели. Купите в кассе или турагенстве билеты на самолёт.**

***Первый вариант ответа***

– Турфирма «Вояж». Я вас слушаю.
– Мне нужно два авиабилета в Испанию. Я хочу улететь завтра вечером. У вас есть билеты на завтра на вечер?
– Да, есть. Самолёт вылетает из Москвы в 7 часов вечера.
– Хорошо. А когда он прилетит в Испанию?
– В 10 часов вечера.
– Сколько стоит билет?
– Билет стоит 6000 рублей. Как будете получать?
– Вы можете доставить билеты домой?
– Да, скажите, пожалуйста, адрес и телефон.
– Улица Старый Арбат, дом 10, подъезд 2, первый этаж, квартира 10. Телефон: 345-00-39.
– Вам привезут билеты сегодня после обеда. С 15 до 18.
– Спасибо! До свидания!

*Второй вариант ответа*

– Турфирма «Альфа», слушаю вас.

– Доброе утро! Я хочу заказать два билета на самолёт до Нью-Йорка.

– Здравствуйте. Пожалуйста. Когда вы хотите лететь?

– Послезавтра.

– На какой рейс вы хотите взять билеты?

– На рейс № 33 «Москва – Нью-Йорк».

– Этот рейс вылетает из Москвы в 11 часов утра.

– Хорошо. Сколько стоит билет?

– Пятнадцать тысяч рублей.

– Могу я забронировать билет?

– Пожалуйста. Ваше имя и фамилия? Номер паспорта?

– Петров Олег Михайлович. 72 32 561.

– Спасибо. Вы можете получить билет в кассе № 3 в аэропорту «Домодедово».

– Спасибо!


**8. Вы собираетесь в театр. Если вы поедете на городском транспорте, то опоздаете. Вызовите по телефону такси.**

*Первый вариант ответа*

– Слушаю вас.

– Алло! Это такси?

– Да. Слушаю вас.

– Мне срочно нужна машина на 18:00 до Большого театра.

– Хорошо. Ваш адрес и телефон?

– Улица Строителей, дом 10, подъезд 1. Телефон: 100-28-17.

– Ждите. Такси приедет ровно в 18:00. Когда водитель приедет, он вам позвонит.

– Большое спасибо!

– Пожалуйста!

*Второй вариант ответа*

– Добрый день. Я вас слушаю.

– Алло, здравствуйте! Это таксопарк?

– Да.

– Я хочу заказать такси на 17:20 до детского музыкального театра.

– Ваш адрес и телефон, пожалуйста.

– Ленинский проспект, дом 99, подъезд 3. Номер телефона: 8-916-655-11-23.

– Хорошо. Такси будет около вашего подъезда точно в 17:20. Водитель позвонит вам.

– Спасибо! Буду ждать.

– Пожалуйста!

**9. Вы получили письмо от своего знакомого (знакомой). Расскажите другу (подруге), о чём вам написали в этом письме.**

*Первый вариант ответа*

– Марина, ты помнишь Виктора Петрова? Я рассказывал тебе, что в прошлом году мы с ним вместе отдыхали на Чёрном море. Вчера я получил от него письмо, где он написал, что его сын хочет учиться в твоём университете. Виктор спрашивает, какие экзамены ему надо сдавать?

– А на какой факультет он хочет поступать?

– На филологический.

– Тогда ему нужно будет сдавать русский язык и литературу.

– Спасибо! Я напишу ему об этом.

*Второй вариант ответа*

– Антон, вчера я получила письмо от Игоря Киселёва, с которым мы учились в школе в одном классе. Он пригласил меня приехать в наш родной город 12 июня на встречу одноклассников.

– Хорошая идея!

– Он написал, что приедут многие ребята из нашего класса, хотя сейчас они живут и работают в других городах. Давай поедем вместе! Я давно не видела учителей и ребят из нашего класса.

– Это будет интересная встреча?

– Конечно. Давай поедем!

**10. У вас дома нет овощей и фруктов. Сходите в магазин (на рынок) и купите всё, что вам необходимо.**

*Первый вариант ответа*

– Здравствуйте! Дайте, пожалуйста, кило огурцов, кило помидоров, 2 кило яблок и 3 банана.

– Пожалуйста!

– Сколько с меня?

– С вас 180 рублей.

– Спасибо!

– На здоровье!

*Второй вариант ответа*

– Доброе утро!

– Скажите, пожалуйста, у вас есть помидоры?

– Да, конечно.

– Сколько они стоят?

– 120 рублей за килограмм.

– Дайте, пожалуйста, 2 кило. А этот виноград? Он сладкий?

– Очень. Сколько вам нужно?

– 3 кило, пожалуйста. Сколько я вам должен?

– За помидоры 240 рублей и за виноград 300 рублей. Всего 540 рублей.

– Пожалуйста, возьмите!

– Спасибо!


**Задание 3 *(позиции 11, 12)*. Прочитайте рассказ известного английского писателя О. Генри о любви двух небогатых людей. Кратко передайте его содержание.**

*Первый вариант ответа*

Этот текст рассказывает о любви. Делла и Джим поженились недавно. Они жили бедно, но очень любили друг друга. Перед Рождеством Делла не знала, что она подарит мужу, потому что у неё было мало денег – только один доллар и восемьдесят семь центов. Она долго думала, что же ей делать. В их семье были две ценности:

у Деллы были прекрасные длинные волосы, а у Джима были золотые часы его отца. Молодые люди очень гордились ими.

Утром, когда муж ушёл на работу, девушка подошла к зеркалу, посмотрела на свои красивые волосы, заплакала и решила, что она будет делать.

Потом Делла ушла из дома. Она пришла в магазин, где покупали волосы, и продала свои волосы хозяйке магазина. Хозяйка предложила девушке за волосы двадцать долларов. Делла, конечно, согласилась. Для неё это были большие деньги, потому что её муж Джим получал на работе только двадцать долларов в неделю. Девушка пошла в магазин и купила мужу цепочку для его часов. Потом она вернулась домой, приготовила ужин и стала его ждать. Когда Джим пришёл с работы домой и увидел Деллу, он очень удивился, потому что у неё были короткие волосы. Но женщина объяснила, что продала свои волосы для того, чтобы купить ему подарок к Рождеству. И она отдала Джиму подарок. Молодой человек тоже отдал свой подарок жене. Делла открыла пакет и увидела там украшения для волос. Раньше она мечтала о таком подарке. Но теперь он был ей не нужен. Джим тоже открыл пакет и увидел там цепочку для часов. Но у него теперь не было часов, потому что он продал их и купил жене подарок.

Джим предложил Делле спрятать подарки, потому что сейчас они им были не нужны. Он сказал, что через год их жизнь изменится, и они ещё раз подарят эти подарки друг другу..

### *Второй вариант ответа*

В тексте рассказывается о любви двух молодых людей. Они поженились недавно. Живут они бедно. Работает только муж. Его зовут Джим. Он получает двадцать долларов в неделю. Жену зовут Делла.

Автор пишет, что скоро будет замечательный праздник – Рождество. В этот день люди дарят друг другу подарки. Но у этих людей не было денег, чтобы купить подарки. В их семье было только две ценности: золотые часы Джима, которые достались ему от отца, и прекрасные длинные волосы Деллы. Молодые люди очень гордились ими.

Делла пересчитала деньги, которые у неё остались. Там было меньше, чем два доллара. Она долго думала, что ей делать, где найти деньги. Девушка подошла к зеркалу, посмотрела на свои волосы и решила их продать, чтобы купить рождественский подарок мужу.

На следующий день Джим рано утром ушёл на работу. Делла тоже ушла из дома и пошла в магазин, где покупали волосы. Она предложила хозяйке магазина купить у неё волосы. Хозяйка согласилась и заплатила Делле двадцать долларов. Девушка взяла эти деньги и пошла в другой магазин, чтобы купить мужу подарок. Она долго выбирала подарок. Наконец, она решила купить Джиму красивую цепочку для золотых часов.

Девушка вернулась из магазина домой и стала ждать мужа. Когда он пришёл с работы, он очень удивился, так как увидел, что у Деллы нет её прекрасных волос. Делла объяснила Джиму, что она продала свои волосы, потому что очень хотела купить ему рождественский подарок. Девушка положила пакет на стол, но в это время Джим тоже отдал жене подарок. Она открыла пакет и увидела там красивые украшения для волос. О таком подарке Делла давно мечтала. Но сейчас он был ей не нужен. Девушка попросила мужа открыть пакет, который она дала ему. Когда Джим открыл его, он увидел там красивую цепочку для часов. Джим сказал, что он продал часы и у него теперь их нет, но это неважно. Важно то, что они, Делла и Джим, любят друг друга, заботятся друг о друге. Джим предложил ей спрятать подарки, потому что сейчас они им не нужны, но когда-нибудь потом обязательно будут нужны. Он сказал, что не важно, какие волосы у Деллы – длинные или короткие. Всё равно он её любит.

**11. Сформулируйте основную идею текста.**

*Первый вариант ответа*

Основная идея текста – отношения людей, которые любят друг друга. Во имя любви они готовы отдать самое дорогое, что у них есть, чтобы сделать приятное своему любимому человеку.

*Второй вариант ответа*

Я думаю, что основная идея текста – любовь и отношение людей друг к другу.

**12. Выразите своё отношение к данной идее.**

*Первый вариант ответа*

Я думаю, что нам нужно учиться так любить друг друга, как любили друг друга герои рассказа.

*Второй вариант ответа*

Мне кажется, что любовь – прекрасное чувство. И если люди будут любить друг друга, как герои рассказа, то будет много счастливых семей.

*Задание 4 (позиция 13).* **В России вы познакомились с новыми людьми. Расскажите им о вашей стране.**

*Первый вариант ответа*

Я очень люблю свою родину – Южную Корею. Она находится на полуострове в Северо-Восточной Азии. Это древняя страна с богатой культурой. Корейцы – очень трудолюбивый народ. В их истории было много разных событий: и радостных, и грустных. В настоящее время Южная Корея – высокоразвитая страна.

Корейская молодёжь хочет получить высшее образование, поэтому стремится хорошо учиться в школе и поступить в университеты.

Конечно, политический, экономический и культурный центр страны – Сеул, столица Южной Кореи. Здесь находится корейское правительство, работают президент страны и парламент. В Сеуле много учебных заведений, средних и высших. В городе много музеев, театров, кинотеатров, часто организуются выставки, поэтому Сеул – культурный центр страны.

В столице находятся крупные компании и банки, поэтому можно сказать, что столица Южной Кореи – экономический центр.

Если вы приедете в нашу страну, то я советую вам побывать и в других городах Южной Кореи. Например, интересно поехать в древний город Кёнджу, где много исторических памятников. Можно съездить в город Пусан, который находится на берегу моря. Это огромный морской порт. Обязательно советую вам поехать на остров Чеджудо, который находится в Корейском проливе. На этом острове прекрасный климат и замечательная природа.

Приглашаю всех посетить Южную Корею. Я уверен(-а), что вам очень понравится наша страна и гостеприимные корейцы.

*Второй вариант ответа*

Я немка, родилась в Германии, поэтому это моя любимая страна. Моя родина находится в самом сердце Европы. Германия граничит со многими европейскими государствами: Чехией, Польшей, Австрией и другими.

Германия имеет богатую историю и культуру. Немцы стремятся сохранить свои национальные традиции.

Современная Германия – высокоразвитая страна. Экономика Германии развивается быстрыми темпами, так как немцы образованные и очень трудолюбивые люди. Они много трудятся как в городах, так и в деревнях. Во всём мире известны немецкие товары, например электроника и автомобили. Столица страны – Берлин. Это большой современный город, где работают немецкое правительство, глава государства и парламент страны.

В столице много разных учебных заведений, средних и высших: школы, колледжи, университеты. В городе много музеев, театров, кинотеатров и культурных центров. Здесь находятся крупные банки, фирмы, компании, заводы и фабрики, поэтому можно сказать, что Берлин – политический, культурный и экономический центр страны.

# 답안지

# Рабочие матрицы

## ЛЕКСИКА. ГРАММАТИКА

МАКСИМАЛЬНОЕ КОЛИЧЕСТВО БАЛЛОВ ЗА ТЕСТ – 165

**Имя, фамилия**_____ **Страна**_____ **Дата**_____

| ЧАСТЬ 1 | | | | |
|---|---|---|---|---|
| 1 | А | Б | В | Г |
| 2 | А | Б | В | Г |
| 3 | А | Б | В | Г |
| 4 | А | Б | В | Г |
| 5 | А | Б | В | Г |
| 6 | А | Б | В | Г |
| 7 | А | Б | В | Г |
| 8 | А | Б | В | Г |
| 9 | А | Б | В | Г |
| 10 | А | Б | В | Г |
| 11 | А | Б | В | Г |
| 12 | А | Б | В | Г |
| 13 | А | Б | В | Г |
| 14 | А | Б | В | Г |
| 15 | А | Б | В | Г |
| 16 | А | Б | В | Г |
| 17 | А | Б | В | Г |
| 18 | А | Б | В | Г |
| 19 | А | Б | В | Г |
| 20 | А | Б | В | Г |
| 21 | А | Б | В | Г |
| 22 | А | Б | В | Г |
| 23 | А | Б | В | Г |
| 24 | А | Б | В | Г |
| 25 | А | Б | В | Г |

| ЧАСТЬ 2 | | | | |
|---|---|---|---|---|
| 26 | А | Б | В | Г |
| 27 | А | Б | В | Г |
| 28 | А | Б | В | Г |
| 29 | А | Б | В | Г |
| 30 | А | Б | В | Г |
| 31 | А | Б | В | Г |
| 32 | А | Б | В | Г |
| 33 | А | Б | В | Г |
| 34 | А | Б | В | Г |

절취선을 따라 잘라서 사용하세요

답안지

| | | | | |
|---|---|---|---|---|
| 35 | А | Б | В | Г |
| 36 | А | Б | В | Г |
| 37 | А | Б | В | Г |
| 38 | А | Б | В | Г |
| 39 | А | Б | В | Г |
| 40 | А | Б | В | Г |
| 41 | А | Б | В | Г |
| 42 | А | Б | В | Г |
| 43 | А | Б | В | Г |
| 44 | А | Б | В | Г |
| 45 | А | Б | В | Г |
| 46 | А | Б | В | Г |
| 47 | А | Б | В | Г |
| 48 | А | Б | В | Г |
| 49 | А | Б | В | Г |
| 50 | А | Б | В | Г |
| 51 | А | Б | В | Г |
| 52 | А | Б | В | Г |
| 53 | А | Б | В | Г |
| 54 | А | Б | В | Г |
| 55 | А | Б | В | Г |
| 56 | А | Б | В | Г |
| 57 | А | Б | В | Г |
| 58 | А | Б | В | Г |

| | | | | |
|---|---|---|---|---|
| 59 | А | Б | В | Г |
| 60 | А | Б | В | Г |
| 61 | А | Б | В | Г |
| 62 | А | Б | В | Г |
| 63 | А | Б | В | Г |
| 64 | А | Б | В | Г |
| 65 | А | Б | В | Г |
| 66 | А | Б | В | Г |
| 67 | А | Б | В | Г |
| 68 | А | Б | В | Г |
| 69 | А | Б | В | Г |
| 70 | А | Б | В | Г |
| 71 | А | Б | В | Г |
| 72 | А | Б | В | Г |
| 73 | А | Б | В | Г |
| 74 | А | Б | В | Г |
| 75 | А | Б | В | Г |
| 76 | А | Б | В | Г |
| 77 | А | Б | В | Г |
| ЧАСТЬ 3 | | | | |
| 78 | А | Б | В | Г |
| 79 | А | Б | В | Г |
| 80 | А | Б | В | Г |
| 81 | А | Б | В | Г |

| | | | | |
|---|---|---|---|---|
| 82 | А | Б | В | Г |
| 83 | А | Б | В | Г |
| 84 | А | Б | В | Г |
| 85 | А | Б | В | Г |
| 86 | А | Б | В | Г |
| 87 | А | Б | В | Г |
| 88 | А | Б | В | Г |
| 89 | А | Б | В | Г |
| 90 | А | Б | В | Г |
| 91 | А | Б | В | Г |
| 92 | А | Б | В | Г |
| 93 | А | Б | В | Г |
| 94 | А | Б | В | Г |
| 95 | А | Б | В | Г |
| 96 | А | Б | В | Г |
| 97 | А | Б | В | Г |
| 98 | А | Б | В | Г |
| 99 | А | Б | В | Г |
| 100 | А | Б | В | Г |
| 101 | А | Б | В | Г |
| 102 | А | Б | В | Г |
| 103 | А | Б | В | Г |
| 104 | А | Б | В | Г |
| 105 | А | Б | В | Г |

| | | | | |
|---|---|---|---|---|
| 106 | А | Б | В | Г |
| 107 | А | Б | В | Г |
| 108 | А | Б | В | Г |
| 109 | А | Б | В | Г |
| 110 | А | Б | В | Г |
| 111 | А | Б | В | Г |
| 112 | А | Б | В | Г |
| 113 | А | Б | В | Г |
| 114 | А | Б | В | Г |
| 115 | А | Б | В | Г |
| 116 | А | Б | В | Г |
| 117 | А | Б | В | Г |
| 118 | А | Б | В | Г |
| 119 | А | Б | В | Г |
| 120 | А | Б | В | Г |
| 121 | А | Б | В | Г |
| 122 | А | Б | В | Г |
| 123 | А | Б | В | Г |
| 124 | А | Б | В | Г |
| 125 | А | Б | В | Г |
| 126 | А | Б | В | Г |
| 127 | А | Б | В | Г |
| 128 | А | Б | В | Г |
| 129 | А | Б | В | Г |

| ЧАСТЬ 4 | | | | |
|---|---|---|---|---|
| 130 | А | Б | В | Г |
| 131 | А | Б | В | Г |
| 132 | А | Б | В | Г |
| 133 | А | Б | В | Г |
| 134 | А | Б | В | Г |
| 135 | А | Б | В | Г |
| 136 | А | Б | В | Г |
| 137 | А | Б | В | Г |
| 138 | А | Б | В | Г |
| 139 | А | Б | В | Г |
| 140 | А | Б | В | Г |
| 141 | А | Б | В | Г |
| 142 | А | Б | В | Г |
| 143 | А | Б | В | Г |
| 144 | А | Б | В | Г |
| 145 | А | Б | В | Г |
| 146 | А | Б | В | Г |
| 147 | А | Б | В | Г |
| 148 | А | Б | В | Г |
| 149 | А | Б | В | Г |
| 150 | А | Б | В | Г |
| 151 | А | Б | В | Г |
| 152 | А | Б | В | Г |
| 153 | А | Б | В | Г |
| 154 | А | Б | В | Г |
| 155 | А | Б | В | Г |
| 156 | А | Б | В | Г |
| 157 | А | Б | В | Г |
| 158 | А | Б | В | Г |
| 159 | А | Б | В | Г |
| 160 | А | Б | В | Г |
| 161 | А | Б | В | Г |
| 162 | А | Б | В | Г |
| 163 | А | Б | В | Г |
| 164 | А | Б | В | Г |
| 165 | А | Б | В | Г |

# ЧТЕНИЕ

**МАКСИМАЛЬНОЕ КОЛИЧЕСТВО БАЛЛОВ ЗА ТЕСТ – 140**

**Имя, фамилия**_____ **Страна**_____ **Дата**_____

| | | | |
|---|---|---|---|
| 1 | А | Б | В |
| 2 | А | Б | В |
| 3 | А | Б | В |
| 4 | А | Б | В |
| 5 | А | Б | В |
| 6 | А | Б | В |
| 7 | А | Б | В |
| 8 | А | Б | В |
| 9 | А | Б | В |
| 10 | А | Б | В |
| 11 | А | Б | В |
| 12 | А | Б | В |
| 13 | А | Б | В |
| 14 | А | Б | В |
| 15 | А | Б | В |
| 16 | А | Б | В |
| 17 | А | Б | В |
| 18 | А | Б | В |
| 19 | А | Б | В |
| 20 | А | Б | В |

# АУДИРОВАНИЕ

МАКСИМАЛЬНОЕ КОЛИЧЕСТВО БАЛЛОВ ЗА ТЕСТ – 120

**Имя, фамилия**_____ **Страна**_____ **Дата**_____

| 1  | А | Б | В |
|----|---|---|---|
| 2  | А | Б | В |
| 3  | А | Б | В |
| 4  | А | Б | В |
| 5  | А | Б | В |
| 6  | А | Б | В |
| 7  | А | Б | В |
| 8  | А | Б | В |
| 9  | А | Б | В |
| 10 | А | Б | В |
| 11 | А | Б | В |
| 12 | А | Б | В |
| 13 | А | Б | В |
| 14 | А | Б | В |
| 15 | А | Б | В |

| 16 | А | Б | В |
|----|---|---|---|
| 17 | А | Б | В |
| 18 | А | Б | В |
| 19 | А | Б | В |
| 20 | А | Б | В |
| 21 | А | Б | В |
| 22 | А | Б | В |
| 23 | А | Б | В |
| 24 | А | Б | В |
| 25 | А | Б | В |
| 26 | А | Б | В |
| 27 | А | Б | В |
| 28 | А | Б | В |
| 29 | А | Б | В |
| 30 | А | Б | В |

절취선을 따라 잘라서 사용하세요

답안지

ДЛЯ ЗАМЕТОК

ДЛЯ ЗАМЕТОК

# 러시아어 단계별 종합 교재 시리즈

## 러시아로 가는 길 시리즈 (청취 CD별매)
단계별 시리즈: 1단계, 2단계, 3단계, 4단계

- 1단계-처음 시작하시는 분 또는 기초 문법과 표현 정리가 안되시는 분
  TORFL 기초단계에 부합하는 영역들로 구성
- 2단계-초중급 문법과 어휘력 향상이 필요하신 분
  TORFL 기본단계에 부합하는 영역들로 구성
- 3단계-1년 이상 배우신 분, 기본적인 원서 독해가 가능하신 분
  TORFL 1단계에 부합하는 영역들로 구성
- 4단계-중고급 문법과 어휘력 향상이 필요하신 분
  TORFL 2단계에 부합하는 영역들로 구성

문법과 회화를 동시에 습득할 수 있는 단계별 종합 교재로 '러시아어 능력 인증시험 토르플(TORFL)'의 시험 단계인 문법, 회화, 읽기, 쓰기의 다양한 영역을 준비할 수 있습니다.

## 러시아어 인텐시브 회화 시리즈
단계별 시리즈: 1단계, 2단계, 3단계, 4단계

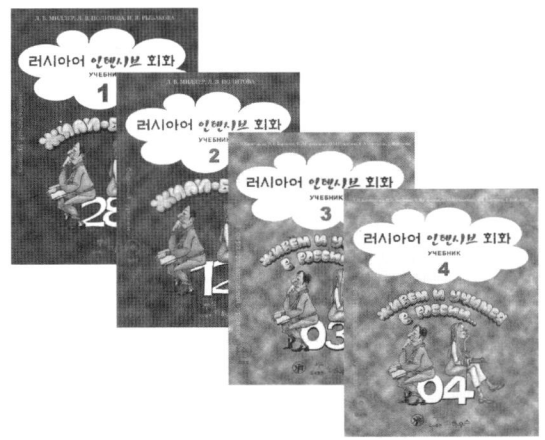

인텐시브 회화 1단계, 2단계는 오디오 자료를 뿌쉬낀 하우스 홈페이지, 출판센터 자료실에서 다운로드할 수 있습니다.
3단계, 4단계 도서에는 CD가 포함되어 있습니다.

단계별로 구성되어 있는 회화 교재를 통해 다양한 표현들을 익혀 창조적인 의사소통이 가능하도록 도와줍니다. 다양한 주제와 문화에 관한 텍스트를 통해 러시아 문화에 대한 이해의 폭을 넓히고, 동시에 실생활에서 사용되는 러시아어의 여러 문제를 익힐 수 있습니다.

러시아 교육문화센터
뿌쉬낀하우스

교육센터 / 문화센터 / 출판센터
Tel. 02)2237-9387　　Fax. 02)2238-9388
http://www.pushkinhouse.co.kr